基本からマスターできる
建築構造力学

津田和明・丸田　誠・都祭弘幸・杉本訓祥　著

朝倉書店

執 筆 者

津田和明	近畿大学産業理工学部・教授
丸田　誠	静岡理工科大学理工学部・教授
都祭弘幸	福山大学工学部・教授
杉本訓祥	横浜国立大学大学院都市イノベーション研究院・准教授

は　じ　め　に

　　建築構造力学の本の執筆依頼をいただいた際，最初に考えたことは，よく読めば，計算に用いる式の理論的背景・誘導過程がしっかりと読者に伝わる本にしたいということである．私たちも学生の頃から，種々の構造力学・材料力学の本を活用し，勉強してきたが，ほとんどの本では，式の最終形は記載されているものの，その式が，どのような理論的背景からどのように導かれてきたのかを明確に記載しているものはほとんどなく，自分で式を誘導するのに時間を費やした．これはこれで大いに勉強になったが，このような本を読む方は，建築構造の技術者を目指す方ばかりではなく，建築士等の資格取得を考えて読まれる方もいることと思うので，そのような方々にも短い時間で力学がしっかりと身に着くことを期待した．また，建築構造技術者の方も，使用する式の理論的背景・誘導過程を理解しておかないと，その式の使い方を誤る可能性が高い．このような考えに基づき，この本を執筆した．読者には，しっかりと読んでいただき，もし，理解できない部分があれば，是非，ご指摘いただきたい．

　　弾性の建築構造力学は，建築の構造にとって基本となるものである．建築構造技術者を目指している方には，この基本を身に着けた上で，材料塑性や幾何学的非線形を学び，鉄筋コンクリート造，鉄骨造などの建物の設計法を勉強してほしい．現在，建築構造の職に携わっている方には，この本によって，己の技術をより確かなものにしてほしいと思っている．建築構造以外の道を考えている方にとっても，基本となる建築構造力学は必ずや役に立つことと思う．たとえば，意匠設計者にとっては，基本的な部材の大きさの推定や，部材に作用する外力からその部材や建物の変形特性を考えた設計を行う際，設備設計者にとっては，各種設備機器の固定方法などを考える際，施工者にとっては，仮設計画時の種々の計算を行う際，など建築構造力学は多種多方面で活躍することと思い，この本が，それらの方々の一助となることを切に願う．

　2018 年 1 月

著 者 一 同

目　　　次

第1章　建築物の構造 ……………………………………………………（丸田　誠）1

1.1　建築物に作用する外力 …………………………………………………………… 1

1.2　建築物の構造と構造設計 ………………………………………………………… 1

1.3　建築物の損傷 ……………………………………………………………………… 2

1.4　建築物の構造設計概要 …………………………………………………………… 3

第2章　　　力　　　 ……………………………………………………（杉本訓祥）5

2.1　力　と　は ………………………………………………………………………… 5

　　2.1.1　力の3要素 …………………………………………………………………… 5

　　2.1.2　力の分解と合成 ……………………………………………………………… 5

2.2　モーメント ………………………………………………………………………… 7

2.3　力の釣り合い ……………………………………………………………………… 7

　　2.3.1　力の釣り合い ………………………………………………………………… 7

　　2.3.2　連力図と示力図 ……………………………………………………………… 8

第3章　支　点　と　反　力 ……………………………………………（杉本訓祥）10

3.1　支点と節点 ………………………………………………………………………… 10

3.2　荷重と反力 ………………………………………………………………………… 11

第4章　応　　　　　力 …………………………………………………（杉本訓祥）14

4.1　応　力　と　は …………………………………………………………………… 14

4.2　静定・不静定，安定・不安定 …………………………………………………… 14

4.3　荷重の種類 ………………………………………………………………………… 16

4.4　静定梁の応力 ……………………………………………………………………… 16

　　4.4.1　単純梁の場合 ………………………………………………………………… 16

　　4.4.2　荷重・せん断力・モーメントの関係 ……………………………………… 20

　　4.4.3　モーメント荷重が作用する梁の応力 ……………………………………… 21

4.5　静定トラスの応力 ………………………………………………………………… 22

　　4.5.1　節点法 ………………………………………………………………………… 23

　　4.5.2　クレモナ図解法 ……………………………………………………………… 24

　　4.5.3　切断法 ………………………………………………………………………… 24

4.6　静定骨組の応力 …………………………………………………………………… 25

　　4.6.1　静定ラーメン ………………………………………………………………… 26

　　4.6.2　3ピンラーメン ……………………………………………………………… 27

　　4.6.3　3ピンラーメンにおける対称性の利用 …………………………………… 28

　　4.6.4　合成骨組 ……………………………………………………………………… 30

　　4.6.5　静定骨組の組み合わせ ……………………………………………………… 31

第5章　応力度とひずみ度 ……………………………………………………（津田和明）34

5.1　応力度とは ……………………………………………………………………………… 34

5.2　ひずみ度とは …………………………………………………………………………… 35

5.3　フックの法則 …………………………………………………………………………… 35

第6章　応力度の算定 ……………………………………………………（津田和明）36

6.1　軸方向応力度と曲げ応力度 …………………………………………………………… 36

　6.1.1　軸方向応力度と曲げ応力度 ……………………………………………………… 36

　6.1.2　断面1次モーメント ……………………………………………………………… 38

　6.1.3　断面2次モーメント ……………………………………………………………… 39

6.2　せん断応力度 …………………………………………………………………………… 40

6.3　2方向力による応力度 ………………………………………………………………… 44

　6.3.1　モールの応力円の理論 …………………………………………………………… 44

　6.3.2　モールの応力円の描き方 ………………………………………………………… 47

第7章　ひずみ度と変形 …………………………………………………（津田和明）51

7.1　軸方向ひずみ度と軸方向変形 ………………………………………………………… 51

　7.1.1　軸方向ひずみ度と軸方向変形 …………………………………………………… 51

　7.1.2　ポアソン比 ………………………………………………………………………… 53

7.2　曲げひずみ度と曲率 …………………………………………………………………… 53

7.3　せん断ひずみ度とせん断変形 ………………………………………………………… 55

　7.3.1　せん断ひずみ度 …………………………………………………………………… 55

　7.3.2　せん断変形 ………………………………………………………………………… 56

第8章　静定梁の変形（曲げモーメントによる変形）…………………（丸田　誠）58

8.1　微分方程式による解法 ………………………………………………………………… 58

　8.1.1　たわみ曲線の微分方程式 ………………………………………………………… 58

　8.1.2　曲率 ………………………………………………………………………………… 58

　8.1.3　弾性曲線式 ………………………………………………………………………… 59

　8.1.4　たわみの微分方程式（弾性曲線式）の一般解 ………………………………… 61

　8.1.5　たわみyとたわみ角θの符号 ……………………………………………………… 61

8.2　モールの定理 …………………………………………………………………………… 61

第9章　不静定梁の解法 …………………………………………………（都祭弘幸）68

9.1　微分方程式による解法 ………………………………………………………………… 68

9.2　仕事量の釣り合いによる解法 ………………………………………………………… 70

　9.2.1　仕事とは？ ………………………………………………………………………… 70

　9.2.2　エネルギー ………………………………………………………………………… 71

　9.2.3　仕事量の釣り合い ………………………………………………………………… 72

9.3　仮想仕事の原理 ………………………………………………………………………… 74

　9.3.1　単位外力法 ………………………………………………………………………… 74

9.4　カスティリアノ（Castigliano）の定理 ……………………………………………… 76

9.5　たわみ角法 ……………………………………………………………………………… 80

　9.5.1　モールの定理によるたわみ角の基本式 ………………………………………… 80

9.5.2　剛度と剛比によるたわみ角法の表現 ･･･ 81

9.5.3　中間荷重がある場合のたわみ角法基本式 ･･･････････････････････････････････ 82

9.5.4　節点方程式 ･･･ 83

9.5.5　分配率，到達モーメント ･･･ 83

9.5.6　有効剛比 ･･･ 87

第10章　不静定ラーメンの解法 ････････････････････････････････････（都祭弘幸）90

10.1　たわみ角法 ･･ 90

10.1.1　層方程式 ･･･ 91

10.1.2　左右で柱高さが異なるラーメンの解法 ･･･････････････････････････････････ 94

10.1.3　多層多スパン骨組の解法 ･･･ 95

10.2　固定モーメント法 ･･ 96

10.2.1　固定モーメント法で用いる定理 ･･･ 96

10.2.2　図式解法 ･･･ 97

10.2.3　連続梁の計算 ･･･ 97

10.2.4　鉛直荷重が作用するラーメンの解法 ･･･････････････････････････････････････ 98

10.2.5　水平力が作用するラーメンの解法（節点移動がある場合）･･･････････ 99

10.2.6　柱脚ピンの場合 ･･･ 101

第11章　座　　　　屈 ･･･（丸田　誠）102

11.1　オイラーの座屈荷重 ･･･ 102

11.2　材端条件と座屈荷重 ･･･ 103

11.3　座屈応力度と細長比 ･･･ 103

11.4　非弾性座屈とその他の座屈 ･･ 103

索　　　引 ･･･ 105

第1章 建築物の構造

1.1 建築物に作用する外力

建築物には様々な**外力**が作用する．外力とは文字通り，外から建築物に作用する力であり，**荷重**と**反力**がある．

図1.1に荷重の種類を示す．まず建築物自身の荷重である**固定荷重**，人や家具や設備機器の重量である**積載荷重**がある．これは常時作用する荷重で**長期荷重**，**常時荷重**と呼ばれる．次に雪による**雪荷重**や，風による**風荷重**や地震による**地震荷重**のような**短期荷重**がある．雪荷重は多雪地域では長期荷重としても作用するが，一般には短期荷重と考えられる．土圧も長期荷重で作用するが，地震時に短期荷重として考慮する場合もある．

他にも熱による応力も荷重として作用することもある．なお，風荷重や地震荷重は**動的外乱**と呼ぶこともある．

(a) 固定荷重（自重）　(b) 積載荷重（人や物品）

(c) 雪荷重　　　　　(d) 風荷重

(e) 地震荷重　　　　(f) 土圧

(g) 熱応力

図 1.1 建築物に作用する外力

1.2 建築物の構造と構造設計

建築物は人間生活の容器であり，人間がその生活を営むにあたり，ある目的をもって形成した空間を生む建築物を設計するときには，造られる空間がその目的を満たすように計画することが最も重要である．さらに，その目的が継続される使用期間（耐用年限中）に，その空間が安全に保持され，利用者が危害を受けないようにすることも同程度に重要となる．安全の内容は，化学的な問題（たとえば火災時の有毒ガス），物理的な問題（たとえば火災時の熱，地震時の力）など様々なものがあるが，その中で，**力に対する安全性の問題**を扱い，これを具体的に実現するのが**構造計画**であり，**構造設計**である．その理論的な根拠が，**構造力学**である．

1.1節で示した外力に抵抗する主要な建築物を構成する部材としては，柱，梁，耐震壁，ブレース，スラブ，屋根があげられる．また，その材料としては，木質材料，コンクリート系材料，鉄骨系材料などがある．

これらの部材を接合する方法は，**剛接合**，**ピン接合**にわかれる．

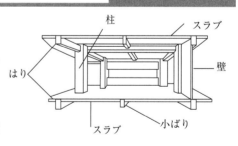

図 1.2 部材の名称

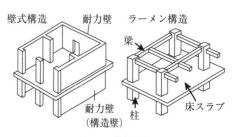

図 1.3 構造形式

実際には，剛接合とピン接合の中間が多く存在するが，構造設計を考えてモデル化する．剛接合は，力学的には**固定支持**といい，**ピン支持**，その他に**ローラー支持**がある．これは第3章で概説する．

各部材の役割としては，柱や壁は鉛直部材であり，スラブ，小梁，梁は水平部材である．いずれも長期荷重や短期荷重に抵抗する．動的外乱で最も大きいのは日本では地震荷重であり，水平方向に作用する．建築物の構造形式としては，壁式構造とラーメン構造に大きく分けられる．壁式構造は地震荷重などに主に壁の荷重負担で抵抗し，ラーメン構造では主に柱や梁が変形して抵抗する．

1.3 建築物の損傷

建築物の損傷は，様々な現象で生じる．過大な荷重が作用した場合，柱，梁，耐震壁といった部材が損傷する．構造計算がきちんとなされていない建築物は，積載荷重が大きい場合や地震や台風などの動的外乱により，大破（ひどく壊れ修理が難しいほどの損壊）することもある．基本的に作用した荷重に対して構造的に脆弱な部分から損傷が始まる．

1924年の市街地建築物法施行規則改正（現在の建築基準法にあたる）により，世界初の耐震設計基準が日本で定められた．それ以降も大きな地震により被害が生じ，それを踏まえて耐震基準を改良してきている．ここでは主に地震による被害を中心に損傷を示す．

図 1.4（a）は 1923年の大正関東地震後の日本橋界隈である．木造建築物の全焼が目立ったが，10万9千棟もの建築物が全壊した．

図 1.4（b）は 1948年の福井地震の際の大和百貨店の損傷状況である．1階の柱が壊れ各階の梁が著しく破壊した．この地震を契機に気象庁では震度7（激震）を設定した．

図 1.4（c）は 1964年の新潟地震による県営川岸町アパートの状況である．建築物そのものの被害よりは，地盤の液状化により転倒したと考えられている．

図 1.4（d）は，建築構造技術者に大きな衝撃を与えた 1968年の十勝沖地震（三陸沖北部地震とも呼ぶ）で破壊した函館大学である．多くの柱がせん断破壊を生じ，層崩壊に至っている．このような破壊を防止するための新耐震設計法（1981年施行）を作成する契機となった地震である．

図 1.4（e）は，1995年の兵庫県南部地震におけるビルの中間層破壊状況である．約69万棟の建築物に被害を生じさせた震度7の地震で，新耐震設計法施行前の 1981年以前に建設された建築物の被害が多かった．中間層の柱がせん断破壊，ねじり破壊を生じた建築物や，ピロティ（1階部分の吹放し）に被害を受けた建築物が多く新たに確認された．

このように様々な地震により，建築物の構造的に弱い部分に損傷が生じることがわかる．

表 1.1 に日本建築学会から示された，地震時の部材損傷状況に関

(a) 関東地震（1923年）（Wikipedia より）

(b) 福井地震（1948年）（Wikipedia より）

(c) 新潟地震（1964年）（Wikipedia より）

(d) 十勝沖地震（1968年）（撮影：市丸秀雄氏）

(e) 兵庫県南部地震（1995年）（気象庁ホームページより）

図 1.4 地震による被害

表 1.1 被害（損傷）のランク

ランク		被害状況	スケッチ
被害軽微	I	柱・耐力壁・2次壁の損傷が，軽微かもしくは，ほとんど損傷がないもの．	
小破	II	柱・耐力壁の損傷は軽微であるが，RC2次壁・階段室のまわりに，せん断ひびわれが見られるもの．	
中破	III	柱に典型的なせん断ひびわれ・曲げひび割れ，耐力壁にひび割れが見られ，RC2次壁・非構造体に大きな損傷が見られるもの．	
大破	IV	柱のせん断ひび割れ・曲げひび割れによって鉄筋が露出・座屈し，耐力壁に大きなせん断ひび割れが生じて耐力に著しい低下が認められるもの．	
崩壊	V	柱・耐力壁が大破壊し，建物全体または建物の一部が崩壊に至ったもの．	

日本建築学会「1978年宮城県沖地震災害調査報告」

するランクを示す．「被害軽微」から「崩壊」までの5段階に分け評価し，地震後の建築物に居住できるかなどの判断に用いる．柱や耐震壁等の鉛直方向の部材に損傷が集中した場合に層崩壊などの人命に関わる損傷が生じる．

1.4 建築物の構造設計概要

建築物の構造設計法には様々なものがある．簡単に概説する．

a. 弾性設計法

使用している部材の材料の応力度（σ）やひずみ度（ε）（第6章，第7章参照）が弾性限界以内の場合は，外力が除去されれば元の状態に戻りうる．構造物の変形や応力を，使用した材料の弾性限界以下におさえる設計法を**弾性設計法**と呼ぶ．

b. 許容変形・許容応力度設計法

①製作時の誤差，施工の良否，計算精度などに起因する安全性のバラツキを考慮し，弾性限界を1以上の値νで割って割引をする．このνを**安全率**と呼ぶ．

②この割引された限界値を**許容値**と呼ぶ．

③たとえば，耐用年に数回くらいは生じると考えられるまれな中地震に対し，建物の変形の許容値は**層間変形角**（図1.5参照）で1/200または鉄骨構造では**降伏強度**（F値）が応力の限界として用いられる．

④許容しうる変形値u_{ad}や応力値σ_{ad}を定め，設計用外力に対し構造物に生じる変形や応力度の最大値（u_{max}, σ_{max}）がそれを超えないようにするので，

$$u_{ad} \geqq u_{max} \qquad \sigma_{ad} \geqq \sigma_{max}$$

の関係にあればよいと規定する設計法を，**許容変形・許容応力**

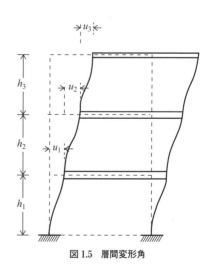

図1.5 層間変形角

度設計法と呼ぶ.

c. 終局強度設計法，保有水平耐力設計法

①建築物の耐用年数中に発生する可能性は低いが，もし起これば大きい荷重や外力（たとえば500年に一度の，きわめてまれな地震）に遭遇した時には，建築構造物は，前項bの許容値を超えた大きな変形や応力度を生じ，部分的に，あるいは全体にわたる破壊を引き起こすこともありうる.

②「このような大地震時には，建築物が相当傷み，再使用が不可能となることがあってもやむを得ないが，人命は守るべき」との発想が原点にある.

③発生の確率は低く破壊力の高い荷重・外力に対し，構造物は崩壊しなければよいとする設計法を**終局強度設計法**または**保有水平耐力設計法**と呼ぶ.

④このとき，下記の関係が成立している必要がある.

　　　［構造物の保有水平耐力］

　　　　＞［きわめてまれではあるが大きな荷重・外力による応力］

　許容応力度設計法では，どの部材も許容応力度を超えることが許されないのに対し，保有水平耐力設計法では，部分的には部材が壊れても，全体的にみて建築物に必要な耐力があればよいという点が両設計法の根本的な考えの違いとなる.

　また，許容応力度設計法では，多くの場合，力と変形が比例関係にある線形構造物を取り扱うのに対し，保有水平耐力設計法では，弾性範囲を超えた現象を対象としているので，非線形構造物を取り扱うことになり，構造力学もそれだけ複雑となる.

　現行の建築物の構造設計法では，1.2節で示したように，力に対する安全性の確認を行う．まずは長期荷重を組み合わせた外力に対して，無損傷であることを確認する．次に短期荷重に関して荷重を組み合わせた外力に対して使用している材料がb.の許容応力度以下となることを確認する．短期荷重として暴風時や地震時などの動的外乱を受ける場合がある．特にまれな中地震荷重に関しても許容応力度で検討する．この場合，建築物の損傷は限定的なものになる．さらにきわめてまれに生じる大地震に関しては，建築物の損傷はある程度許容するが，倒壊して人命を失わないように，保有水平耐力設計を行う.

第2章 力

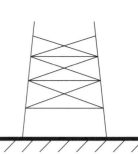

2.1 力とは

2.1.1 力の3要素

地球上に存在する物体には，万有引力の法則により重力が作用する．建築物の構造計画においては，重力の作用は建物の自重や積載物，あるいは積雪により生じる鉛直方向の荷重として考慮される．一方，地震や風により建物に作用する外乱は，主に横方向の力であり，これに対して壊れることのないように構造設計が行われる．力とは，3つの要素から成り立つ．すなわち，**大きさ**と**方向**，および**作用点**（または作用線）であり，一般に，これを矢印で表現する．

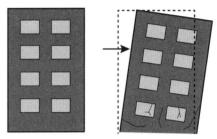

図 2.1　建物に生じた力・立面

力の3要素：大きさ，方向，作用点（作用線）

たとえば，図 2.1 に示すように，地震により被害を受けて傾いてしまった建物について考える．この建物は，左から右に向かって傾いており，このとき建物に作用した力を図のように矢印で表す．次に，この建物を上から見たとき，図 2.2 に示すように動いたとすると，作用した力は図のように表すことができる．これらの矢印は，力の3要素を表している．つまり，矢印の長さが力の大きさを，矢の向きが力の方向を，そして矢印の線上に作用点があること（または矢印の線が作用線であること）を表している．

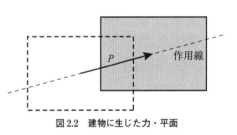

図 2.2　建物に生じた力・平面

2.1.2 力の分解と合成

矢印で表現することができる力は，ベクトルであり，分解したり合成したりすることができる．たとえば，図 2.2 に示した矢印の力は，建物の長手方向（x 軸方向）と短手方向（y 軸方向）の力に**分解**することができる（図 2.3）．すなわち，建物に作用した力 P は，x 軸方向の力 P_x と y 軸方向の力 P_y の2つの力でもあると考えることができる．また，力の分解は，必ずしも直交する2つの軸である必要はなく，任意の2本の軸を2辺とする平行四辺形により分解できる（図 2.4）．ただし，分解するための2本の軸の交点は，力の作用点（または作用線上の点）と一致しなければならない．

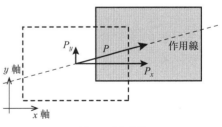

図 2.3　力の分解

一方，2つ以上の力を合成することもできる（力の合成）．図 2.5 (a) に示すように P_1 と P_2 の2つの力がある場合，それぞれの矢印を延長して作用線の交点を求め（図 2.5(b)），交点を原点として2つ

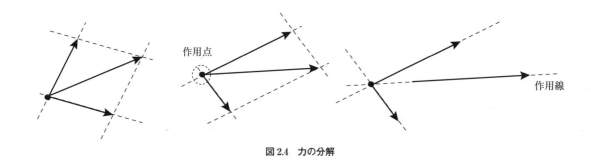

図 2.4 力の分解

の矢印を隣り合う 2 つの辺とする平行四辺形を描く．こうして描かれる平行四辺形において，原点 O を始端とする対角線の矢印（R）が，合成された力，すなわち**合力**を表している（図 2.5(c)）．3 つ以上の力についても同様に合力を求めることができる．たとえば，3 つの力（P_1, P_2, P_3）がある場合，まず，2 つの力（P_1, P_2）の合力を求める．次に，得られた合力と残りの力（P_3）による合力を，順次求める．これにより，すべての力を合成した合力を 1 つ得ることができる（図 2.6）．この結果得られた合力 R は，3 つの力（P_1, P_2, P_3）と等価である．

なお，上述のように，平行四辺形の対角線を順次求めて合力 R を求めることができるが，この手順は，図 2.6(d) のように，それぞれの力の矢印を平行移動し，前の力の矢印の終端に次の力の矢印の始端を重ねていくことと同等である．最終的にすべての矢印の始端と終端を結ぶことで，合力 R を求めることができる．ただし，作用点（または作用線）は，この方法では求めることができないので注意が必要である．

このように複数の力を合成して**合力を求める**ことは，複数の力を，**等価な 1 つの力におきかえること**，ということができる．

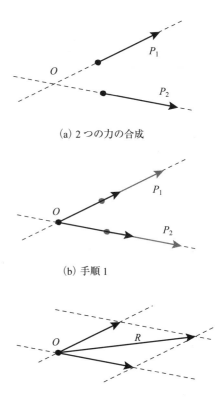

(a) 2 つの力の合成

(b) 手順 1

(c) 手順 2

図 2.5　力の合成

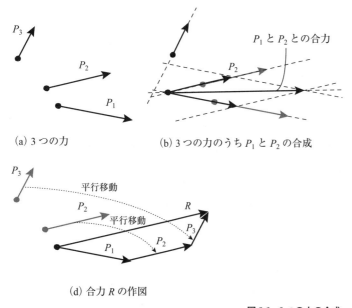

(a) 3 つの力　　(b) 3 つの力のうち P_1 と P_2 の合成　　(c) 3 つの力の合成

(d) 合力 R の作図

図 2.6　3 つの力の合成

2.2 モーメント

次に，図 2.7 に示す，建築物のひさしやバルコニーのように，壁から突出した異なる長さ（ℓ_1 および ℓ_2，$\ell_1 < \ell_2$）の板の先端に下向きの力が作用する場合を考える．このとき，作用する力はいずれも P であるが，P が板の根元に及ぼす影響はこれだけでは表すことができない．板の根元には，長さに応じてより大きな**力**がはたらき，これを**モーメント**と呼ぶ．モーメント M は，長さに比例し，次式のように表し，半円状の矢印により図示する（図 2.8）．

$$M_1 = P \times \ell_1, \quad \text{または} \quad M_2 = P \times \ell_2 \tag{2.1}$$

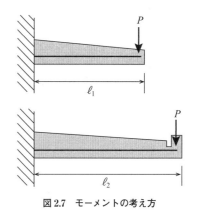

図 2.7　モーメントの考え方

また，構造解析では，図 2.7 のように，本来厚さをもった構造部材などを，線におきかえて，図 2.8 に示すように模式的に表す．これを**線材置換**と呼ぶ．通常は，部材断面の中心位置（図心）を通る線におきかえられる．

このように，モーメントとは，力×距離で表され，任意の点で考えることができる．たとえば，図 2.9 において，力 P の作用線から距離 ℓ_1 離れた点 O_1 には，$M_1 = P \times \ell_1$ のモーメントが時計まわりに，距離 ℓ_2 離れた点 O_2 には，$M_2 = P \times \ell_2$ のモーメントが反時計まわりに，それぞれ作用していると考えることができる．

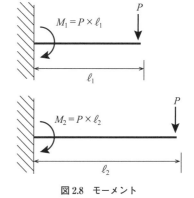

図 2.8　モーメント

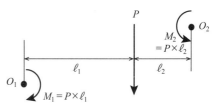

図 2.9　任意の点におけるモーメント

2.3 力の釣り合い

2.3.1 力の釣り合い

2 つの力が同じ作用線上で，大きさが等しく逆向きに作用しているとき，この 2 つの力は釣り合っているという．たとえば，図 2.10 に示すように，物体が吊り上げられているとき，物体に作用する重力とワイヤーが吊り上げる力とが，**釣り合っている**状態にある．

次に，図 2.11 のように，2 本のワイヤーで吊り上げられた状態を考える．このとき，重力は鉛直下向きに作用するが，ワイヤーが支持する力は，斜め方向で 2 つの力となる．このとき，ワイヤーの 2 つの力の合力を求めると，図のようになる．つまり，この合力と，重力による鉛直下向きの力が，同じ作用線上で大きさが等しく逆向

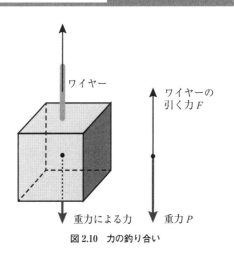

図 2.10　力の釣り合い

きに作用しており，3つの力が釣り合っていることがわかる．このように，3つ以上の力の場合，合力を求めることで，力が釣り合っていることが確認できる．

また，前節に述べた，力の矢印を平行移動して合力 R を求める手順において，それらの力が釣り合っている場合は，始端と終端が一致する（図2.12）．

平行な複数の力の場合，平行四辺形を利用して合力を求めることができない．この場合は，モーメントを用いて力の合成や釣り合いを考える．図2.13 に示すように，平行に作用する3つの力 P_1, P_2, P_3 があるとき，任意の点 O まわりのモーメントの釣り合いから，合力 R の作用点を求める．なお，合力 R は，$R = P_1 + P_2 + P_3$ である．

一方，合力 R の作用線の点 O からの距離を x とすると，モーメントの釣り合いから，次式が成り立つ．

$$R \cdot x = P_1 \cdot \ell_1 + P_2 \cdot \ell_2 + P_3 \cdot \ell_3$$

したがって，位置 x は以下のように得られる．

$$x = \frac{1}{R} \times (P_1 \cdot \ell_1 + P_2 \cdot \ell_2 + P_3 \cdot \ell_3) = \frac{P_1 \cdot \ell_1 + P_2 \cdot \ell_2 + P_3 \cdot \ell_3}{P_1 + P_2 + P_3}$$

平行な力の場合，このようにして，合力 R の作用位置 x を求めることができる．

2.3.2 連力図と示力図

複数の力が作用する状態で，作用点（作用線の交点）が得られない場合の図形的解法を述べる．

図2.14(a) に示すような2つの力 P_1, P_2 を考える．合力 R は，同図(b) に示すように求められ，作用線は，同図(a) における，P_1 と P_2 の作用線の交点 X を通るはずである．この点を通るようにベクトル R を示すことで，2つの力の合力を示すことができる．

一方，P_1 と P_2 の作用線の交点が，図において遠くにあるなどの理由で容易に得られない場合の図形的解法として，連力図と示力図を用いる方法がある．

合力を求めた図 (b) において，任意の点 O を定め，各力のベクトルの始端・終端とを結ぶ（図(d)）．力 $P_1 = \overline{ab}$ は，$\overline{aO}$ と $\overline{Ob}$ に，力 $P_2 = \overline{bc}$ は，$\overline{bO}$ と $\overline{Oc}$ に分解できる．$\overline{bO}$ と $\overline{Ob}$ は，大きさが等し

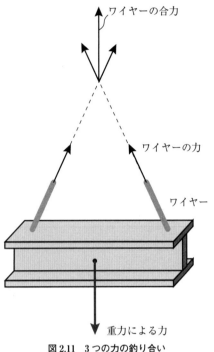

図2.11　3つの力の釣り合い

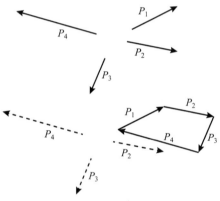

図2.12　3つの力の釣り合い

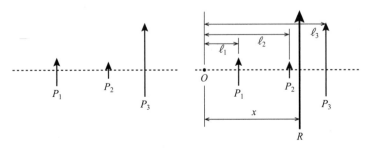

図2.13　モーメントを用いた力の釣り合い

く向きが反対であるから，合計はゼロである．すなわち，合力ベクトル R は，$\overline{aO}$ と $\overline{Oc}$ に分解できる．この関係を図 (c) 上に示す．力 P_1 の作用線上の任意の点から，$\overline{bO}$ および $\overline{aO}$ を描き，$\overline{bO}$ と P_2 の作用線との交点を求める．さらにその交点から $\overline{Oc}$ を描く．この結果，$\overline{Oc}$ と $\overline{aO}$ の交点が得られる．こうして得られた交点が，合力 R の作用線上にある．この点を通るようにベクトル R を示すことで，複数の力 P_1 と P_2 の合力を作図することができる．このようにして描かれた図 (c) を連力図と呼び，図 (d) を**示力図**と呼ぶ．また，この手順によれば，3つ以上の力についても合力とその作用線を求めることができる．

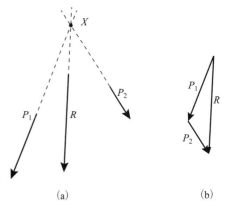

(a)   (b)

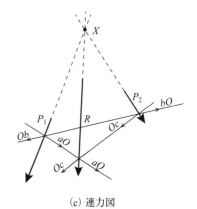

(c) 連力図

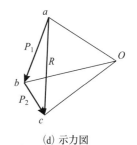

(d) 示力図

図 2.14 合力と作用位置

第3章 支点と反力

3.1 支点と節点

構造物は，通常厚さや太さ，幅などを有する3次元の部材からなる．しかし，構造解析により架構に働く力などを計算する場合には，各部材をそれぞれひとつの線で表す場合がある．一般には，これを**線材置換**という．また，構造物は，何らかの形で地面などに支持されている．このように，支持している点を**支点**と呼ぶ．さらに，構造物を構成する部材同士が，接合したり交差したりしている点を**節点**と呼ぶ．節点と節点を結ぶ線分は，柱や梁などの**部材**であり，部材の先端も節点である．バルコニーの先端は，部材同士が接続する点ではないが，節点である（図3.1）．

支点には，支持する条件に応じた種類がある．これは，支持できる力の種類による違いであり，許容できる変形の種類による違いでもある．具体的には以下の4種がある（図3.2）．

(a) 固定：曲げモーメントと支持面と平行，垂直方向の力を支持する．回転せず，支持面と平行，垂直方向にも動かない．

(b) ピン：曲げモーメントは支持できず，支持面と平行，垂直方向の力のみを支持する．自由に回転することができるが，支持面と平行，垂直の両方向に動かない．

(c) ローラー：曲げモーメントと，支持面と垂直方向の力を支持する．支持面と平行な方向には支持せず，自由に動くが，回転せず，支持面と垂直方向にも動かない．

(d) ピンローラー：曲げモーメントと，支持面と平行な方向の力は，支持できず，支持面と垂直方向の力のみを支持する．回転と支持面と平行な方向には自由に動くが，支持面と垂直方向には動かない．

構造物を構成するある部分を取り出して考える場合，地面とは別の支点に相当する点を想定することができる．たとえば，図3.1に示す構造物は，一階柱の根元が構造物の支点となるが，途中階にあるバルコニーの部分を取り出すと，バルコニーの根元部分は，構造物に支持されている．つまりこの点を支点と考えて，バルコニー部材の構造解析を行うことも可能である（図3.3）．

節点には，部材同士の接合の仕方に種類がある．支点と同様に，部材間で伝えられる力の種類，あるいは許容できる変形の種類によるものである（図3.4）．

(a) ピン接合：部材同士の接合は，回転を許容する．また，部材

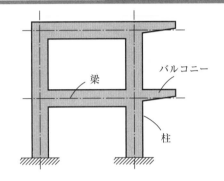

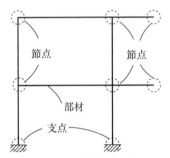

図3.1 線材置換の図

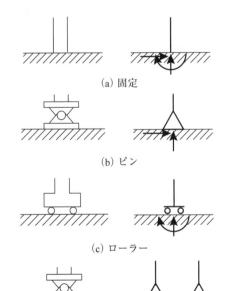

(a) 固定

(b) ピン

(c) ローラー

(d) ピンローラー

図3.2 支点の模式図

相互で，部材軸に平行・垂直方向の力は伝達するが，モーメントは伝達されない．
(b) 剛接合：部材同士は剛に接合しており，部材同士がなす角度は変わらない．また，部材相互で，モーメントと，部材軸に平行・垂直方向の力を伝達する

なお，節点における力の伝達については，4章で詳しく述べる．

また，節点では，必ずしも2つの部材だけが接合しているわけではなく，3つ以上の部材が接合している場合がある．さらに，剛接合とピン接合は，ある部材と他の部材の接合の関係であり，ひとつの節点に，剛接合とピン接合が混在する場合がある（図3.5）．図3.5は，水平部材である梁は，鉛直部材の柱とはピンで接合しているが，上と下の柱は剛に接合していることを表している．

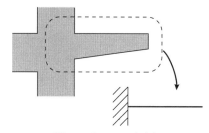

図3.3 バルコニーと支点

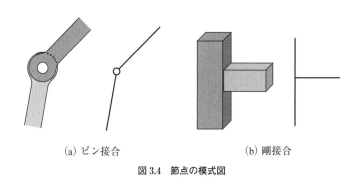

(a) ピン接合　　　(b) 剛接合

図3.4 節点の模式図

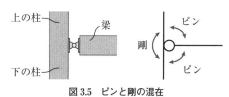

図3.5 ピンと剛の混在

3.2 荷重と反力

構造解析では，構造物が，作用する力に対してどのようになるかを考える．具体的には，構造物を構成する部材にどのような力が働き，その結果，構造物がどのように変形するかを考える．作用する力，すなわち荷重は，矢印で表現する．つまり，3要素である，作用する点（または線），作用する方向と大きさを表現する．構造物に荷重が作用し，その状態を保っている場合，構造物が動かないように支点で支持されているはずである．すなわち，力の釣り合いが成り立つはずである．このとき，荷重と釣り合うように支点に生じている力を**支点反力**と呼ぶ．

固定の支点により支持された柱の頂部に力 F（水平となす角度を θ とする）が作用している場合を考える（図3.6）．支点は固定のため，曲げモーメントと，水平，鉛直方向の力で支持することができる．これらをそれぞれ M, H, V とし，荷重 F と支点反力が釣り合うように，未知の力を求める．

水平方向の力の釣り合い
$$F\cos\theta + (+H) = 0 \tag{3.1a}$$
鉛直方向の力の釣り合い
$$(-F\sin\theta) + V = 0 \tag{3.1b}$$
支点まわりのモーメントの釣り合い
$$F\cos\theta \times h + M = 0 \tag{3.1c}$$

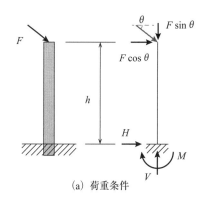

(a) 荷重条件

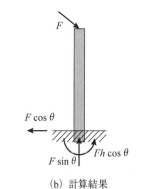

(b) 計算結果

図3.6 柱部材と反力（片持ち柱）

これらを解き，以下の結果が得られる．
$$V = F\sin\theta, \quad H = -F\cos\theta, \quad M = -Fh\cos\theta$$
この結果は，通常，同図（b）のように表される．

なお，式（3.1a）〜（3.1c）を一般的に表すと次のようになる．

$\sum P_X = 0$：X方向の力の和がゼロ

$\sum P_Y = 0$：Y方向の力の和がゼロ

$\sum M_Z = 0$：ある点まわりのモーメントの和がゼロ

すなわち，釣り合いの式は，上記3つで表される．

次に，一端をピン，他端をピンローラーとして支持する梁を考える（図3.7）．ピン支点は鉛直，水平に，ピンローラー支点は鉛直に，それぞれ支持できるため，これらを V_A, H_A, V_B とし，梁の2か所に作用する鉛直方向の荷重 P_1, P_2 に対して支点反力を求めると，力の釣り合いは以下となる．

水平方向の力の釣り合い
$$H_A = 0 \tag{3.2a}$$

鉛直方向の力の釣り合い
$$(-P_1) + (-P_2) + V_A + V_B = 0 \tag{3.2b}$$

支点Aまわりのモーメントの釣り合い
$$P_1 \times \ell_1 + P_2 \times (\ell_1 + \ell_2) - V_B \times (\ell_1 + \ell_2 + \ell_3) = 0 \tag{3.2c}$$

これを解いて，以下が得られる．
$$H_A = 0, \quad V_A = \frac{P_1 \cdot (\ell_2 + \ell_3) + P_2 \cdot \ell_3}{\ell_1 + \ell_2 + \ell_3}, \quad V_B = \frac{P_1 \cdot \ell_1 + P_2 \cdot (\ell_1 + \ell_2)}{\ell_1 + \ell_2 + \ell_3}$$

式（3.2c）は，支点Bまわりのモーメントの釣り合いとすると，以下のようになるが，得られる答えは上記と等しくなる．
$$-P_1 \times (\ell_2 + \ell_3) - P_2 \times \ell_3 + V_A \times (\ell_1 + \ell_2 + \ell_3) = 0 \tag{3.2d}$$

なお，図3.6，図3.7に示す柱と梁は，それぞれ**片持ち柱**，**単純梁**と呼ぶ．また，図3.6は，水平材の場合は，**片持ち梁**（図3.8）と呼ぶ．

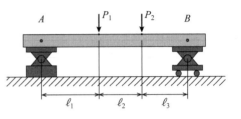
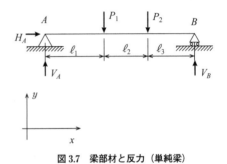

図3.7　梁部材と反力（単純梁）

図3.8　片持ち梁

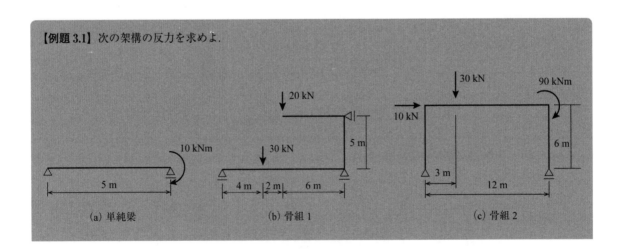

【例題3.1】次の架構の反力を求めよ．

(a) 単純梁　　(b) 骨組1　　(c) 骨組2

〈解答〉

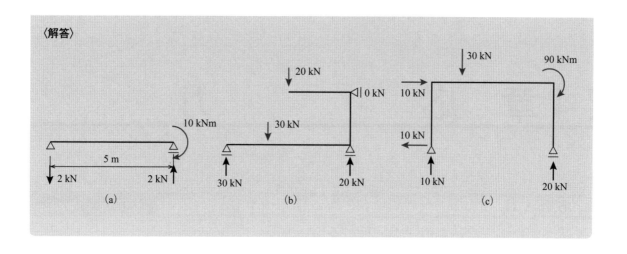

第4章 応　　　　力

4.1 応力とは

第3章で述べたように，架構や部材に荷重が作用すると，支点反力が生じる．このとき，部材の内部では，荷重が作用している点から支点に向かって力が伝えられている．逆に，支点反力が，支点から荷重の作用点に向かって伝えられていると考えることもでき，どちらと考えても差し支えない．このとき，部材の内部で，伝達するために生じている力を**応力**と呼ぶ．これは，部材内部に生じる力ということから**内力**とも呼ぶ．さらに，これに対して，荷重や支点反力をあわせて**外力**と呼ぶ．

本章では，荷重が作用しているときの部材内部にどのような応力が生じるかを考える．部材内部では，場所により生じている応力は異なる．そこで，ある場所の応力を考えるため，仮想的に切断し，切断面における応力を考える．切断面における応力は，図 4.1 に示すように，部材軸に平行な力と，部材軸に直交する力と，この点まわりのモーメントに分けることができる．このうち，材軸方向の力を**軸力**，材軸直交方向の力を**せん断**（剪断）**力**と呼ぶ．通常は，軸力を N，せん断力を Q，曲げモーメントを M と表記する．なお，せん断力は，材軸直交方向であり，様々な方向が考えられるが，本章では，2次元の構造物を考え，1つの方向のみ考える．

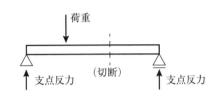

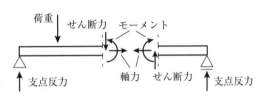

図 4.1　外力と内力

4.2 静定・不静定，安定・不安定

構造物の構成は，支点の支持条件や，各節点の接合条件により，さまざまな形態をとる．ピンやローラーなどは，力を支持できず，変形してしまう方向があるため，支点の条件や接合条件によっては，構造物がその形状を保つことができない場合がある．このような状態を**不安定**と呼ぶ．通常の構造物は，これとは逆に**安定**している必要がある．たとえば，図 4.2（a）に示すように，自由に変形できてしまう不安定な状態に対して，部材を追加したり，配置を変えたりすることで，安定な状態にすることができる（同図（b））．

一方，安定構造物について，荷重が作用する構造物の力の状態を把握するためには，第3章で示したように，力の釣り合いを用いて未知の力を求める手順をとる．このことは，部材内部の応力を求める場合も同様であり，通常は，力の釣り合いから未知の力を求める．しかし，力の釣り合いの式に対して未知数が多い場合があり，この

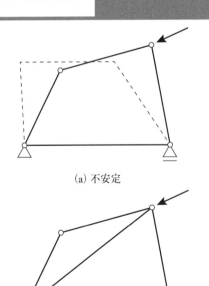

図 4.2　構造物の安定・不安定

ときは，未知の力を求めることができない．このように，力の釣り合いから未知の力を求めることができる安定な構造物の状態を**静定**と呼び，一方，安定しているが，力の釣り合いだけでは解くことができない場合を**不静定**と呼ぶ．不静定構造物の場合，釣り合いの式より多い未知数の数を次数と呼び，1次不静定，2次不静定，などという．

安定な構造物を対象として，各部材の接合状況や，支点の条件に基づいて，静定，不静定を判別し，不静定次数を求めることができる．判別式を以下に示す．

$$m = (n + s + r) - 2k \tag{4.1}$$

m：正のとき，不静定で m の値が不静定次数
　　0 のとき，静定
　　負のとき，不安定
n：支持力数（支点の条件に応じて，固定では3，ピンおよびローラーはそれぞれ2，ピン・ローラーでは1となる）
s：部材数
r：剛節接合材数
k：節点数

たとえば，図4.3に示す架構の場合，式（4.1）は以下のようになる．

(a) 　$n=3$，$s=9$，$r=0$，$k=6$，$m=0$：静定
(b) 　$n=3$，$s=9$，$r=0$，$k=6$，$m=0$：ただし，形状から不安定
(c) 　$n=3$，$s=10$，$r=0$，$k=6$，$m=1$：1次不静定

図4.3（b）のように，判別式では $m \geq 0$ となるが，部材の配置によって不安定となる場合がある．このように機械的に判別することのないよう注意が必要である．

また，剛節接合材数は，各節点において，ある部材に対して剛に接続する部材の数として数える．例として，図4.4に示す架構について考える．節点 E，および F では，2つの部材が互いに剛に接合しており，一方の部材から数えて，剛節接合材数は1つである．節点 C では，部材 CD はピン接合のため，剛接合の部材 AC，CE について，剛節接合材数は1と数える．一方，節点 D では，部材 AD はピン接合のため，剛接合の部材は CD，BD，DF であり，いずれか一つの部材に対して剛に接合する部材数を数えることから，剛接接合材数を2と数える．以上から，式（4.1）は以下となる．

　$n = 2 + 3 = 5$，$s = 7$，$r = 1 + 1 + 1 + 2 = 5$，$k = 6$，より，$m = 5$

すなわち，不静定構造物であり，不静定次数は5である．

実際の建築構造物のほとんどは不静定である．大地震時など，過酷な荷重条件下では，損傷が進行し，損傷が増えることは不静定次数が減少していくことになるが，計画時の不静定次数が高いほど，損傷が進んでも容易に不安定にならないからである．不静定構造を理解するためには，静定構造物の理解が必要であること，また，不静定構造物を静定構造物として簡略的に理解することも時には必要

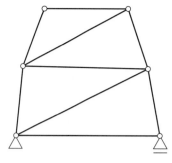

(a) 静定・安定

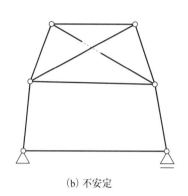

(b) 不安定

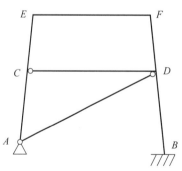

(c) 不静定・安定

図4.3　静定・不静定，不安定

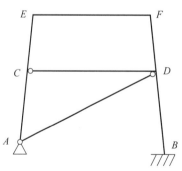

図4.4　不静定構造物

であること，などの点から，本章では，静定構造物を扱う．次節以降，静定構造物の応力を求める手順について述べる．

4.3 荷重の種類

構造物に作用する荷重は，次のように分類できる．
- 集中荷重：構造物のある一点に作用する荷重である．ある一点に作用する荷重として，モーメントを与える場合もある．
- 分布荷重：構造物の部材軸に沿って分布している荷重である．特別な場合として，単位長さあたりの一定の値となる**等分布荷重**や，部材軸に沿って一定の割合で変化する**等変分布荷重**がある．構造物の構造計算では，実際の複雑な荷重条件を，等分布荷重や等変分布荷重に簡略化して扱うことが多い．
- 移動荷重：荷重の作用点が移動する荷重を**移動荷重**と呼ぶ．道路上の車の移動や，クレーンガーダーにおけるクレーンの移動が想定される．

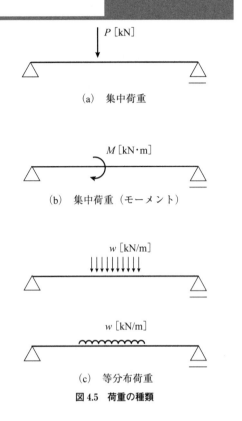

図 4.5 荷重の種類

4.4 静定梁の応力

4.4.1 単純梁の場合

図 4.6 (a) に示す単純梁を対象に部材の応力を考える．梁の全長を ℓ_0，A 点から ℓ_1 の点に荷重 P が作用している．また，荷重 P は，各辺の比が 3：4：5 をなす直角三角形の斜辺とする．すなわち，水平成分は $(3/5)P$，鉛直成分は $(4/5)P$ となる．A, B 点の支点反力と xy 座標系を図のようにおくと，次のような力の釣り合いが成り立つ．

x, y 方向の力の釣り合いから，

$$\sum P_x = \frac{3}{5}P + H_A = 0$$

$$\sum P_y = -\frac{4}{5}P + V_A + V_B = 0$$

A 点まわりのモーメントの釣り合いから，

$$\sum M_z = \frac{4}{5}P \cdot \ell_1 - V_B \cdot \ell_0 = 0$$

なお，ピンやピンローラーは，模式的に図示しているが大きさはない．また，部材の厚さや太さも計算においては考慮せず，線材として扱う．そのため，この場合水平方向の反力（H_A）と荷重 P の水

平方向成分は，同一作用線上にあるものと考えるため，これらの力によりA点まわりにモーメントは生じない．

さらに，荷重は，前節に示したように表記するものとし，通常，特に述べなければ部材自身の重さ（自重）は考えなくてよい．

これらを解いて，以下を得る．

$$H_A = -\frac{3}{5}P,\ V_A = \frac{4}{5}\cdot\frac{\ell_0-\ell_1}{\ell_0}\cdot P,\ V_B = \frac{4}{5}\cdot\frac{\ell_1}{\ell_0}\cdot P$$

支点反力は，図4.6（b）に示すようになる．

次に，点Aから距離xの位置における応力を考える．図4.6（c）のように，この位置で仮想的に切断し，切断面の応力をQ, N, Mとおく．なお，断面における応力の向きは，同図（c）の向きを正と定義する．切断面の左側と右側では，互いに逆向きとなる点に注意が必要である．これは，切断面の左側と右側では，同じ大きさで逆向きの力が作用することで，断面内の力が釣り合っているからである．

切断された左側部分で力の釣り合いを考える．

$$\sum P_x = -\frac{3}{5}P + \frac{3}{5}P + N = 0$$

$$\sum P_y = \frac{4}{5}\frac{\ell_0-\ell_1}{\ell_0}P - \frac{4}{5}P - Q = 0$$

A点まわりのモーメントの釣り合いは次のようになる．

$$\sum M_z = \frac{4}{5}P\cdot\ell_1 - M + Q\cdot x = 0$$

これらを解いて，以下を得る．

$$N = 0,\ Q = -\frac{4}{5}\frac{\ell_1}{\ell_0}P,\ M = \frac{4}{5}P\cdot\ell_1\cdot\left(1-\frac{x}{\ell_0}\right)$$

なお，切断した右側の部分での力及びB点まわりのモーメントの釣り合いは次のようになり，同じ結果が得られる．

$$\sum P_x = N = 0$$

$$\sum P_y = Q + \frac{4}{5}\frac{\ell_1}{\ell_0}P = 0$$

$$\sum M_z = M - \frac{4}{5}\frac{\ell_1}{\ell_0}P\cdot(\ell_0 - x) = 0$$

ここまで，荷重点の右側で切断した場合を示したが，左側で切断した場合，すなわち，$x < \ell_1$の場合を考える．この時，図4.7に示すように，切断された左側を考えると，力の釣り合いは以下のようになる．

$$\sum P_x = -\frac{3}{5}P + N = 0$$

$$\sum P_y = \frac{4}{5}\frac{\ell_0-\ell_1}{\ell_0}P - Q = 0$$

A点まわりのモーメントの釣り合いは次のようになる．

$$\sum M_z = -M + Q\cdot x = 0$$

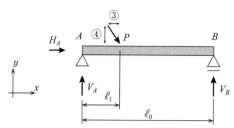

(a) 集中荷重を受ける単純梁

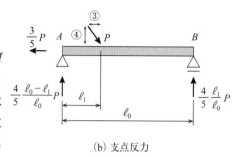

(b) 支点反力

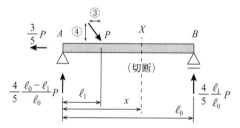

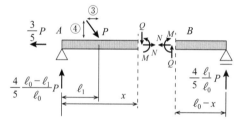

(c) 位置Xでの応力

図4.6 単純梁の応力計算1

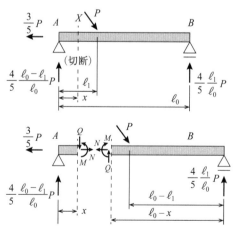

図4.7 単純梁の応力計算2（切断位置が荷重の左側の場合）

これらを解いて，以下を得る．

$$N = \frac{3}{5}P, \ Q = \frac{4}{5}\frac{\ell_0 - \ell_1}{\ell_0}P, \ M = \frac{4}{5}\frac{\ell_0 - \ell_1}{\ell_0}P \cdot x$$

なお，切断した右側の部分で力及び，B 点まわりのモーメントの釣り合いを考えると次のようになり，同じ結果が得られる．

$$\sum P_x = -N + \frac{3}{5}P = 0$$

$$\sum P_y = Q - \frac{4}{5}P + \frac{4}{5}\frac{\ell_1}{\ell_0}P = 0$$

$$\sum M_z = M + Q \cdot (\ell_0 - x) - \frac{4}{5}P \cdot (\ell_0 - \ell_1) = 0$$

以上の結果を整理すると，次のようになる．

$x = 0 \sim \ell_1$ の範囲では，

$$N = \frac{3}{5}P, \ Q = \frac{4}{5}\frac{\ell_0 - \ell_1}{\ell_0}P, \ M = \frac{4}{5}\frac{\ell_0 - \ell_1}{\ell_0}P \cdot x$$

$x = \ell_1 \sim \ell_0$ の範囲では，

$$N = 0, \ Q = -\frac{4}{5}\frac{\ell_1}{\ell_0}P, \ M = \frac{4}{5}P \cdot \ell_1 \cdot \left(1 - \frac{x}{\ell_0}\right) = 0$$

得られた結果は，通常，図 4.8 のように図示する．この例では，軸力およびせん断力は荷重が作用する点で変化するが，それ以外の領域では一定値となる．また，モーメントは，x の 1 次関数となっており，$x = \ell_1$ で最大値となる．これらを，部材軸を x 軸として，直交方向にそれぞれの値をグラフのように示す．また，これらの図は，それぞれ軸力図（N 図），せん断力図（Q 図），モーメント図（M 図）と呼ぶ．特に，N 図，Q 図では上側を正とするが，M 図では下側を正とすることが一般的な表現方法である．

次に，図 4.9 に示す等分布荷重時の応力を考える．梁の中間部分に等分布荷重 w が作用している．支点反力をそれぞれ図のようにおくと，力の釣り合いは以下のようになる．

$$\sum P_x = H_A = 0$$
$$\sum P_y = V_A - w \cdot \ell_2 + V_B = 0$$

B 点まわりのモーメントの釣り合いは次のようになる．

$$\sum M_z = V_A \cdot \ell_0 - w\ell_2 \cdot \left(\frac{\ell_2}{2} + \ell_3\right) = 0$$

なお，全体でモーメントの釣り合いを考える場合，等分布荷重 w は区間の中央（長さ ℓ_2 の区間の中央）に，集中荷重 $w\ell_2$ が作用していることと同等である（図 4.9（b））．

これらを解くと，反力はそれぞれ以下が得られ，反力計算結果は図 4.9（c）のように示される．

$$H_A = 0, \ V_A = w\frac{\ell_2}{\ell_0}\left(\frac{\ell_2}{2} + \ell_3\right), \ V_B = w\frac{\ell_2}{\ell_0}\left(\ell_1 + \frac{\ell_2}{2}\right)$$

次に，部材応力を求める．荷重の状況から，3 通りの場合分けを行う（図 4.10）．

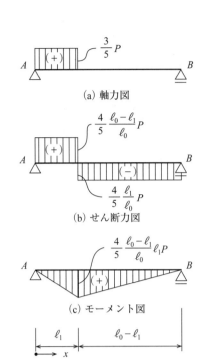

(a) 軸力図

(b) せん断力図

(c) モーメント図

図 4.8 部材応力の図示

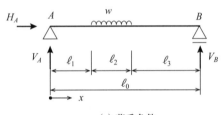

(a) 荷重条件

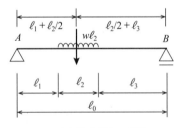

(b) 集中荷重の置換

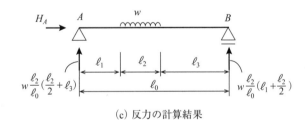

(c) 反力の計算結果

図 4.9 等分布荷重時の単純梁

ⅰ) $x = 0 \sim \ell_1$ の場合：切断した左側の釣り合いを考える．

$$\sum P_x = N = 0$$

$$\sum P_y = w\frac{\ell_2}{\ell_0}\left(\frac{\ell_2}{2} + \ell_3\right) - Q = 0$$

$$\sum M_{z@A} = Q \cdot x - M = 0$$

（表記「@A」は，A点まわりのモーメントを示す）

これらを解いて，以下を得る．

$$N = 0 \qquad (4.4.1a)$$

$$Q = w\frac{\ell_2}{\ell_0}\left(\frac{\ell_2}{2} + \ell_3\right) \qquad (4.4.1b)$$

$$M = w\frac{\ell_2}{\ell_0}\left(\frac{\ell_2}{2} + \ell_3\right) \cdot x \qquad (4.4.1c)$$

ⅱ) $x = \ell_1 \sim \ell_1 + \ell_2$ の場合：切断した左側の釣り合いを考える．

$$\sum P_x = N = 0$$

$$\sum P_y = w\frac{\ell_2}{\ell_0}\left(\frac{\ell_2}{2} + \ell_3\right) - w(x - \ell_1) - Q = 0$$

$$\sum M_{z@A} = w(x - \ell_1) \cdot \left(\ell_1 + \frac{x - \ell_1}{2}\right) + Q \cdot x - M = 0$$

これらを解いて，以下を得る．

$$N = 0 \qquad (4.4.2a)$$

$$Q = w\left\{-x + \ell_1 + \frac{\ell_2}{\ell_0}\left(\frac{\ell_2}{2} + \ell_3\right)\right\} \qquad (4.4.2b)$$

$$M = -\frac{1}{2}w\left[x - \left\{\ell_1 + \frac{\ell_2}{\ell_0}\left(\frac{\ell_2}{2} + \ell_3\right)\right\}\right]^2 \\ + \frac{1}{2}w\frac{\ell_2}{\ell_0}\left(\frac{\ell_2}{2} + \ell_3\right)\left\{2\ell_1 + \frac{\ell_2}{\ell_0}\left(\frac{\ell_2}{2} + \ell_3\right)\right\} \qquad (4.4.2c)$$

この場合，モーメントについてはやや煩雑であるが，$x = \ell_1 + (\ell_2/\ell_0)\{(\ell_2/2) + \ell_3\}$ で極値となる放物線分布である．

ⅲ) $x = \ell_1 + \ell_2 \sim \ell_0 \ (=\ell_1 + \ell_2 + \ell_3)$ の場合：切断した左側ではなく，右側を考える．これにより，(a) の場合と同様に，比較的簡易な式となる．

$$\sum P_x = N = 0$$

$$\sum P_y = w\frac{\ell_2}{\ell_0}\left(\ell_1 + \frac{\ell_2}{2}\right) + Q = 0$$

$$\sum M_{z@B} = Q \cdot (\ell_0 - x) + M = 0$$

これらを解いて，以下を得る．

$$N = 0 \qquad (4.4.3a)$$

$$Q = -w\frac{\ell_2}{\ell_0}\left(\ell_1 + \frac{\ell_2}{2}\right) \qquad (4.4.3b)$$

$$M = w\frac{\ell_2}{\ell_0}\left(\ell_1 + \frac{\ell_2}{2}\right) \cdot (\ell_0 - x) \qquad (4.4.3c)$$

なお，式 (4.4.1c) と式 (4.4.2c) は，$x = \ell_1$ において，式 (4.4.2c) と式 (4.4.3c) は $x = \ell_1 + \ell_2$ において，以下の通り一致する．

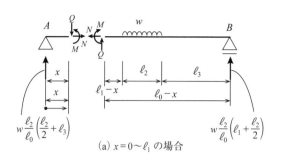

(a) $x = 0 \sim \ell_1$ の場合

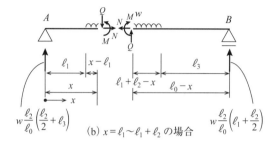

(b) $x = \ell_1 \sim \ell_1 + \ell_2$ の場合

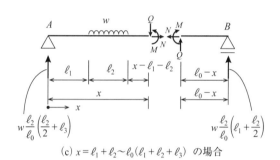

(c) $x = \ell_1 + \ell_2 \sim \ell_0 (\ell_1 + \ell_2 + \ell_3)$ の場合

図 4.10　等分布荷重時の梁の応力

$$x = \ell_1,\ M = w\frac{\ell_2}{\ell_0}\left(\frac{\ell_2}{2}+\ell_3\right)\cdot \ell_1$$

$$x = \ell_1+\ell_2,\ M = -\frac{1}{2}w\ell_2^2 + w\frac{\ell_2}{\ell_0}\left(\frac{\ell_2}{2}+\ell_3\right)\cdot(\ell_1+\ell_2)$$

さらに，式（4.4.2c）において，極値は，次の通りである．

$$x = \ell_1+\frac{\ell_2}{\ell_0}\left(\frac{\ell_2}{2}+\ell_3\right),\ M = \frac{1}{2}w\frac{\ell_2}{\ell_0}\left(\frac{\ell_2}{2}+\ell_3\right)\left\{2\ell_1+\frac{\ell_2}{\ell_0}\left(\frac{\ell_2}{2}+\ell_3\right)\right\}$$

以上の結果を踏まえて，N図，Q図，M図を示したものが図 4.11 である．

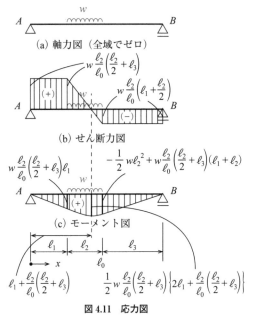

図 4.11 応力図

モーメントが極値をとる位置は，せん断力がゼロとなる位置と一致する．M図，Q図では，この位置（以下）も明記する必要がある．

$$x = \ell_1+\frac{\ell_2}{\ell_0}\left(\frac{\ell_2}{2}+\ell_3\right)$$

4.4.2 荷重・せん断力・モーメントの関係

図 4.9 の部分的に等分布荷重が作用する単純梁の応力は，式（4.4.1a）～式（4.4.3c），および図 4.11 に示すように得られた．

ここで，等分布荷重が作用する領域のせん断力の式（4.4.2b）を，x について微分してみると，次のようになる．

$$Q = w\left\{-x+\ell_1+\frac{\ell_2}{\ell_0}\left(\frac{\ell_2}{2}+\ell_3\right)\right\} \quad (4.4.2\text{b})（再）$$

$$\frac{dQ}{dx} = -w \quad (4.4.4)$$

すなわち，部材軸に沿ったせん断力 Q の分布において，ある点の接線の傾き（微分係数）は，その点の単位長さあたりの荷重 w に等しい．このことは，一般的に成り立つ．

次に，モーメントの式（4.4.1c）や式（4.4.2c）を，x について微分してみると，次のようになる．

$$M = w\frac{\ell_2}{\ell_0}\left(\frac{\ell_2}{2}+\ell_3\right)\cdot x \quad (4.4.1\text{c})（再）$$

$$\frac{dM}{dx} = w\frac{\ell_2}{\ell_0}\left(\frac{\ell_2}{2}+\ell_3\right) \quad (4.4.5)$$

$$\begin{aligned}M =& -\frac{1}{2}w\left[x-\left\{\ell_1+\frac{\ell_2}{\ell_0}\left(\frac{\ell_2}{2}+\ell_3\right)\right\}\right]^2 \\ &+\frac{1}{2}w\frac{\ell_2}{\ell_0}\left(\frac{\ell_2}{2}+\ell_3\right)\left\{2\ell_1+\frac{\ell_2}{\ell_0}\left(\frac{\ell_2}{2}+\ell_3\right)\right\}\end{aligned} \quad (4.4.2\text{c})（再）$$

$$\frac{dM}{dx} = -w\left[x-\left\{\ell_1+\frac{\ell_2}{\ell_0}\left(\frac{\ell_2}{2}+\ell_3\right)\right\}\right] \quad (4.4.6)$$

式（4.4.5）は式（4.4.1b）に示したせん断力と，式（4.4.6）は式（4.4.2b）に示したせん断力と，それぞれ等しいことがわかる．これも一般的に成り立ち，部材軸に沿ったモーメント M の分布において，ある点の接線の傾き（微分係数）は，その点のせん断力 Q に等しい．したがって，せん断力 Q が一定値の場合，モーメント M は 1 次式で表され，せん断力 Q が 1 次式の場合，モーメント M は 2 次式で表される．また，このことから，モーメントが極値をとる位置で，せん断力がゼロとなる関係があることもわかる（図 4.11 参照）．

図 4.12 に示す単純梁の微小区間 CD を考える．C および D 断面における部材断面のせん断力とモーメントをそれぞれ $Q, M, Q+dQ$,

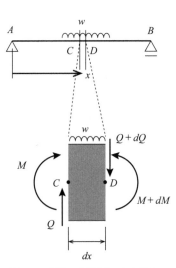

図 4.12 荷重，せん断力，およびモーメントの関係

$M+dM$ とおくと,力とモーメントの釣り合いから,

$$\sum P_y = Q - w \cdot dx - (Q+dQ) = 0$$

すなわち,$dQ/dx = -w$ となる.

$$\sum M_{z@C} = M + w \cdot dx \cdot \frac{dx}{2} - (M+dM) + (Q+dQ) \cdot dx = 0$$

$$dM = w \cdot \frac{dx^2}{2} + Q \cdot dx + dQ \cdot dx = Q \cdot dx + w \cdot \frac{dx^2}{2} - w \cdot dx \cdot dx$$

微小区間 dx のため,$(dx)^2 \fallingdotseq 0$ とすれば,$dM/dx = Q$ となる.

4.4.3 モーメント荷重が作用する梁の応力

次に,片持ち梁を対象とした計算例を示す.図 4.13 に示す片持ち梁を考える.支点反力を図 4.13(a)のように仮定すると,力の釣り合い式は以下のようになる.

$$\sum P_x = H_A + P = 0$$
$$\sum P_y = V_A - P = 0$$
$$\sum M_{z@A} = M_A + M_0 + P \cdot (\ell_1 + \ell_2) = 0$$

これらを解くと,反力はそれぞれ以下が得られ,反力計算結果は図 4.13(b)のように示される.

$$H_A = -P, \quad V_A = P, \quad M_A = -M_0 - P(\ell_1 + \ell_2)$$

次に,部材応力を求める.荷重状況から場合分けを行う.

ⅰ) $x = 0 \sim \ell_1$ の場合:切断した左側の釣り合いを考える(図 4.13(c)).

$$\sum P_x = -P + N = 0$$
$$\sum P_y = P + (-Q) = 0$$
$$\sum M_{z@A} = -(M_0 + P \cdot (\ell_1 + \ell_2)) + Q \cdot x - M = 0$$

これらを解いて,以下を得る.

$$N = P, \quad Q = P, \quad M = P \cdot x - (M_0 + P \cdot (\ell_1 + \ell_2))$$

ⅱ) $x = \ell_1 \sim \ell_1 + \ell_2$ の場合:切断した右側の釣り合いを考える(図 4.13(d)).

$$\sum P_x = -N + P = 0$$
$$\sum P_y = Q + (-P) = 0$$
$$\sum M_{z@x} = M + P \cdot (\ell_1 + \ell_2 - x) = 0$$

これらを解いて,以下を得る.

$$N = P, \quad Q = P, \quad M = P \cdot x - P \cdot (\ell_1 + \ell_2)$$

以上の結果を図示すると,図 4.14 のようになる.特に,モーメント荷重が作用する点は,モーメント分布が不連続となり,段差に相当するモーメントは,作用荷重(モーメント)と等しいことがわかる.

次に,部材の両端にモーメント荷重が作用する単純梁を考える(図 4.15).支点反力を図 4.15(a)のように仮定すると,力の釣り合

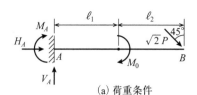

(a) 荷重条件

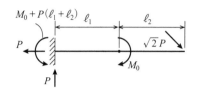

(b) 反力の計算結果

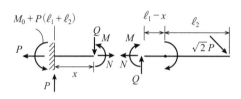

(c) x が $0 \sim \ell_1$ の場合

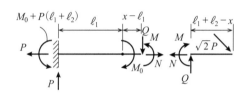

(d) x が $\ell_1 \sim \ell_1 + \ell_2$ の場合

図 4.13 集中荷重を受ける片持ち梁

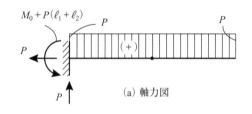

(a) 軸力図

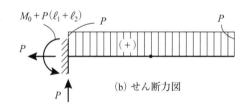

(b) せん断力図

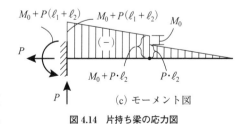

(c) モーメント図

図 4.14 片持ち梁の応力図

いは以下となる.

$$\sum P_x = H_A = 0$$
$$\sum P_y = V_A + V_B = 0$$
$$\sum M_{z@B} = -Ma - Mb + V_A \cdot \ell_0 = 0$$

これらを解くと,反力はそれぞれ以下が得られ,反力計算結果は図 4.15(b)のように示される.

$$H_A = 0, \quad V_A = \frac{Ma + Mb}{\ell_0}, \quad V_B = -\frac{Ma + Mb}{\ell_0}$$

部材応力の計算においては,場合分けは必要なく,全範囲において切断した左側の力の釣り合いから,以下となる.

$$\sum P_x = N = 0$$
$$\sum P_y = \frac{Ma + Mb}{\ell_0} - Q = 0$$
$$\sum M_{z@A} = -Ma + Q \cdot x - M = 0$$

これらを解いて,以下が得られ,応力図は図 4.15(d)(e)となる.

$$N = 0, \quad Q = \frac{Ma + Mb}{\ell_0}, \quad M = \frac{Ma + Mb}{\ell_0} \cdot x - Ma$$

なお,N 図は省略している.

この結果から,部材中間に荷重がなく,両端に曲げモーメントが作用する場合,せん断力は,両端のモーメントの和（$Ma + Mb$）をスパン長さ（ℓ_0）で除して得られることがわかる.前項で述べたように,モーメントの接線の傾きがせん断力に等しいことを示している.

なお,図 4.15(e)において $Ma = Mb$ の場合,大きさが等しく向きが逆であることから,特に**逆対称曲げモーメント分布**と呼ぶ.

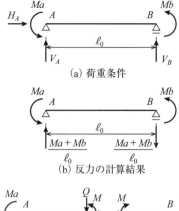

(a) 荷重条件

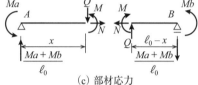

(b) 反力の計算結果

(c) 部材応力

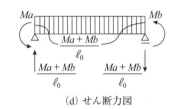

(d) せん断力図

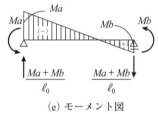

(e) モーメント図

図 4.15　単純梁の応力

4.5　静定トラスの応力

すべての節点がピン接合からなる架構をトラスと呼ぶ（図 4.16）.トラスの応力計算にあたり,次のような仮定を設ける.
・節点は完全なピンとする（曲げモーメントは伝えない）
・部材は直線材からなる
・荷重はすべて節点に作用するものとする

なお,実構造物では,節点以外の部材中間に荷重が作用する場合もあるが,この荷重は,作用する部材の両端の節点に働く等価な荷重におきかえて考える.ただし実際の設計では,部材中間に作用する荷重の影響は,別途考慮する必要がある.

これらの仮定によると,部材両端は完全なピンでありモーメントが作用しないため,部材中にせん断力は生じない.さらに,部材の途中に荷重を作用させないことから,部材内にはモーメントもせん断力も生じない.つまり,トラス架構では,部材応力は軸力しか作用しないことになる.すなわち,トラスの応力解析とは,各部材の軸力を求めることになる.

部材の応力を求める方法は，前節までに述べたものと基本的には変わらない．すなわち，力の釣り合いを考える．特定の部材の応力を得るためには，架構を仮想的に切断して，切断された部分での力の釣り合いを考えればよい．トラスの解法は，この考え方の具体的な利用方法により，いくつかに分類することができる．

4.5.1 節点法

図 4.17（a）のトラスを考える．各部材の応力，すなわち軸力を N_{AB} などとする．節点法では，ある節点に接続する部材の力の釣り合いから未知の応力を求める．力の釣り合いは，x, y 方向の 2 式からなるため，未知数が 2 以下の節点から順次求めていく．

・節点 A（図 4.17（b））

$$\sum P_x = \frac{\sqrt{3}}{2} N_{AB} + N_{AD} = 0$$

$$\sum P_y = -P + \frac{1}{2} N_{AB} = 0$$

これらより，$N_{AB} = 2P$, $N_{AD} = -\sqrt{3} P$

・節点 D（図 4.17（c））

$$\sum P_x = -N_{AD} + N_{DE} = 0$$

$$\sum P_y = N_{BD} = 0$$

これらより，$N_{BD} = 0$, $N_{DE} = -\sqrt{3} P$

・節点 B（図 4.18（a））

$$\sum P_x = -\frac{\sqrt{3}}{2} N_{AB} + \frac{\sqrt{3}}{2} N_{BC} + \frac{\sqrt{3}}{2} N_{BE} = 0$$

$$\sum P_y = -\frac{1}{2} N_{AB} - 2P - N_{BD} + \frac{1}{2} N_{BC} - \frac{1}{2} N_{BE} = 0$$

これらより，$N_{BC} = 4P$, $N_{BE} = -2P$

・節点 E（図 4.18（b））

$$\sum P_x = -N_{DE} - \frac{\sqrt{3}}{2} N_{BE} + H_E = 0$$

$$\sum P_y = \frac{1}{2} N_{BE} + N_{CE} = 0$$

これらより，$N_{CE} = P$, $H_E = -2\sqrt{3} P$

・節点 C（図 4.18（c））

$$\sum P_x = -\frac{\sqrt{3}}{2} N_{BC} + H_C = 0$$

$$\sum P_y = -\frac{1}{2} N_{BC} - N_{CE} + V_C = 0$$

これらより，$H_C = 2\sqrt{3} P$, $V_C = 3P$

以上の結果をまとめると，図 4.18（d）のようになる．

トラスの解法では，切断面の応力は引張を正と定義する（図 4.17（b）（c）および図 4.18（a）〜（c））．したがって，負値の解が得られた場合，その部材は圧縮軸力が作用していることになる．図 4.17，

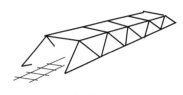

(a) 鉄橋

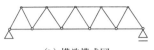

(b) 構造模式図

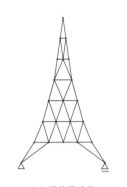

(c) 塔状構造物

図 4.16 トラスの例

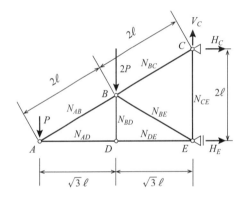

(a) 荷重条件

(b) 節点 A

(c) 節点 D

図 4.17 トラスの解法

図 4.18 のトラスでは，N_{AD}, N_{DE}, N_{BE} が圧縮である．さらに，圧縮と引張は，図 4.19 に示すように図示する．

なお，上述の手順では，反力も部材応力と同じ手順で求めたが，梁の解法のように，支点反力をあらかじめ求めておくこともちろん可能である．

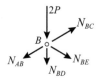

(a) 節点 B

(b) 節点 E

(c) 節点 C

4.5.2 クレモナ図解法

節点に集まる部材と荷重の力の釣り合いにより求める方法である点は，節点法と同じであるが，ベクトルを用いて作図により求める手法である．すなわち，力のベクトルを用いて「示力図が閉じる」関係を用いる．この場合も未知の力が 2 つ以下の節点から順次求めていく．以下に手順を解説する．

まず，荷重と部材により分けられた領域に記号（a）～（h）を付ける．節点には荷重および部材の応力が作用しており，それらの力は，左右の領域の記号を時計まわりの順で呼ぶ．たとえば，節点 B に作用する荷重 $2P$ は，bc と呼ぶ．また，部材軸力 N_{AB} は，節点 A に作用する力は bh と呼び，節点 B に作用する力は hb と呼ぶ（図 4.20（a））．

次に，各節点ごとに手順を述べる．まず，節点 A について，力 ab（大きさ P，鉛直下向き），および力 bh，力 ha が釣り合うように，すなわち示力図が閉じるように未知の力 bh, ha を作図する（図 4.20（b）右図）．なお，既知の力を実線で，未知の力を破線で示す．これにより力 bh および ha が得られる．未知の力が二つ未満の節点に対して，順次同様の手順を繰り返す．すなわち，節点 D に作用する未知の力 hg, ga を求める．図 4.20（c）の右の示力図から，力 hg はゼロ，力 ga は力 ah と大きさが等しく逆向きとなることがわかる．続いて，こうして得られた力 hg（ゼロ）を用いて，節点 B に作用する未知の力 cf, fg を求める（図 4.20（d）右図）．さらに，これまでに得られた力 ga, fg を用いて，節点 E に作用する未知の力 fe, ea を求める（図 4.20（e）右図）．この場合未知数が二つのため，支点反力も同時に求めることができる．ここまで得られると，最後に節点 C では，支点反力 2 つのみが未知数となり，同様の手順で力 cd, de を求める（図 4.20（f）右図）．

こうして得られた各節点まわりの示力図（b）～（f）は，図 4.20（g）のように 1 つにまとめて作図することができる．これより，幾何学的に各力の大きさを求めることができ，これを特にクレモナ図と呼び，この手順による方法をクレモナ図解法と呼ぶ．なお，求めるべきトラス架構の各部材の軸力図は，図 4.18（d）に示したとおりである．

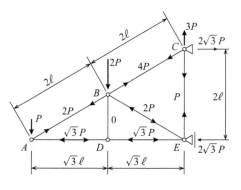

(d) 各部材軸力

図 4.18 トラスの解法（続き）

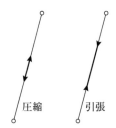

図 4.19 圧縮・引張の定義

4.5.3 切 断 法

切断法は，応力を求めたい部材を含む適切な場所で架構を切断し，切断面の応力を用いた力の釣り合いによって部材応力を求める方法である．この方法では，切断面を適切に選択すれば，必要な部位の

軸力のみを求めることができる．また，この方法では，モーメントの釣り合いを利用する点で，節点法とやや異なる．なお，切断する場合，必ずしもひとつの直線である必要はなく，曲線状の切断線であってもよい．

図 4.21 を例に説明する．図（a）中の破線により架構を切断する．切断後の架構のうち，図（b）に示す左側について，節点 B まわりのモーメントの釣り合いを考えると，N_{AB}, N_{BD} は，節点 B を通るため，B まわりのモーメントはゼロとなることから，以下となる．

$$\sum M_{z@B} = -P \cdot \sqrt{3}\,\ell - N_{DE} \cdot \ell = 0$$

これより，$N_{DE} = -\sqrt{3}\,P$ が得られる．

一方，同じ切断面において，節点 D まわりのモーメントの釣り合いを考えると，N_{BD}, N_{DE} によるモーメントはゼロとなることから，以下となる．

$$\sum M_{z@D} = -P \cdot \sqrt{3}\,\ell + N_{AB} \cdot \frac{\sqrt{3}}{2}\ell = 0$$

これより，$N_{AB} = 2P$ が得られる．

以上の方法によれば，必要な部材の応力のみを求めることが可能であり，順次各部材の応力を求めることができる．また，節点法と組み合わせることで，効率よく求めていくことも可能である．

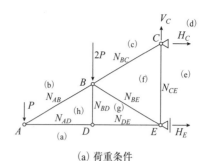

(a) 荷重条件

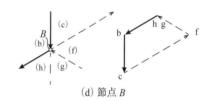

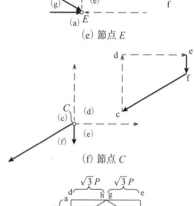

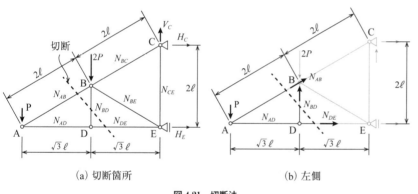

図 4.21　切断法

図 4.20　クレモナ図解法

4.6　静定骨組の応力

単一の梁や，前節のトラスの他，静定骨組として，図 4.22 のようなものがある．本節では，これらの骨組を対象とする．いずれも，形状は安定しており，また，節点数，部材数，反力数，剛節接合材数から静定と判別できる．

4.6.1 静定ラーメン

静定ラーメンの場合も，考え方は梁について述べてきたものと基本的には変わらない．すなわち，まず支点反力を求め，その上で，荷重状態などが変化する場所を境として，区間毎に仮想的に部材を切断し，切断した部分の力の釣り合いから切断面の応力を求める．図 4.23 の例を以下に解説する．

a. 支点反力（図 4.23（b））

$$\sum P_x = P + H_A = 0$$
$$\sum P_y = V_A + V_D = 0$$
$$\sum M_{z@D} = P \cdot h + V_A \cdot \ell = 0$$

以上より，$V_A = -(h/\ell)P, V_D = (h/\ell)P, H_A = -P$ となる．

b. 左の柱の応力（図 4.23（c））

節点 A から B に向かう方向を x とおくと，位置 x における断面力 M, N, Q について，A 点を含む柱の一部分の力の釣り合いは以下となる．

$$\sum P_x = -P + Q = 0$$
$$\sum P_y = N - \frac{h}{\ell}P = 0$$
$$\sum M_{z@A} = Q \cdot x - M = 0$$

これらより，$Q = P, N = (h/\ell)P, M = Px$ を得る．

c. 梁の応力（図 4.23（d））

節点 B から C に向かう方向を x とおくと，位置 x における断面力 M, N, Q について，A, B を含む左側部分の力の釣り合いは以下となる．

$$\sum P_x = P - P + N = 0$$
$$\sum P_y = -Q - \frac{h}{\ell}P = 0$$
$$\sum M_{z@A} = P \cdot h + N \cdot h + Q \cdot x - M = 0$$

これらより，$Q = -(h/\ell)P, N = 0, M = (1 - x/\ell) \cdot Ph$ を得る．

同様にして求めた右側の柱の応力を含めて，応力図を描くと，図 4.24 のようになる．軸力図では引張，圧縮の区別を（引），（圧）で示している．また，この図より，いくつかのことが確認できる．

- 節点 B において，柱側と梁側のモーメントが一致している．すなわち，剛接合する部材端のモーメントは釣り合う．なお，柱部材 AB の B 端を柱頭，A 端を柱脚と呼ぶ．梁部材 BC では，B 側の端部を B 端または左端，C 側の端部を C 端または右端などと呼ぶ．
- 節点 A, D では，支点反力とせん断力や軸力が一致している．たとえば，節点 A において，支点反力の水平成分 P は，部材 AB のせん断力 P と，支点反力の鉛直成分 $(h/\ell)P$ は，部材 AB, CD の軸力とそれぞれ一致する．
- 節点 C では，柱部材の軸力が梁部材のせん断力と，柱部材のせん断力が梁部材の軸力と，それぞれ一致している．

$n = 3, s = 3, r = 2, k = 4$ 　$n = 3, s = 4, r = 3, k = 5$
$\therefore m = 0$ 　　　　　　　　$\therefore m = 0$

（a）静定ラーメン

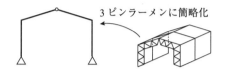

3 ピンラーメンに簡略化

$n = 4, s = 4, r = 2, k = 5$　$\therefore m = 0$

（b）3 ピンラーメン

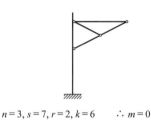

$n = 3, s = 7, r = 2, k = 6$　$\therefore m = 0$

（c）合成骨組

図 4.22　さまざまな静定骨組

4.6.2 3ピンラーメン

次に,図 4.25 に示す 3 ピンラーメンを考える.

3 ピンラーメンの特徴として,ピンの部分で切断し,切断した点まわりのモーメントの釣り合いを考えることで,釣り合いの式をひとつ増やすことができる点があげられる.つまり,通常 X, Y 方向の力とモーメントの釣り合いという 3 つの式に加えて,釣り合いの式が増えるため,解くことができる未知数が増えることである.図 4.25 の場合,これまで通り,以下の 3 つの式が成り立つ.

$$\sum P_x = H_A + H_F = 0$$
$$\sum P_y = -P + V_A + V_F = 0$$
$$\sum M_{z@A} = P \cdot \ell_1 - V_F \cdot \ell_0 = 0$$

これに加えて,節点 D まわりのモーメントの釣り合いから,もうひとつ釣り合いが成り立つ.すなわち,図 4.25 (b) のように,節点 D で切断し,右側部分を考えると,節点 D における部材応力としてのモーメントはゼロであることから,点 D まわりのモーメントの釣り合いを考えると,次式が得られる.

$$\sum M'_{z@D} = -H_F \cdot h - V_F \cdot \ell_1 = 0$$

これは,図 (b) 右側のように,支点 F の反力の作用線が,節点 D と支点 F を結ぶ線(図中の破線)と一致することを示している.

これらより,4 つの反力が以下のように得られる(図 4.26 (a)).

$$V_A = \left(1 - \frac{\ell_1}{\ell_0}\right)P,\ V_F = \frac{\ell_1}{\ell_0}P,\ H_A = \frac{\ell_1^2}{h\ell_0}P,\ H_F = -\frac{\ell_1^2}{h\ell_0}P$$

a. 左の柱の応力(図 4.26 (b))

節点 A から B に向かう方向を x とおくと,位置 x における断面力 M, N, Q について,A 点を含む柱の一部分の力の釣り合いは以下となる.

$$\sum P_x = \frac{\ell_1^2}{h\ell_0}P + Q = 0$$
$$\sum P_y = N + \left(1 - \frac{\ell_1}{\ell_0}\right)P = 0$$
$$\sum M_{z@A} = Q \cdot x - M = 0$$

これらより,$Q = -\frac{\ell_1^2}{h\ell_0}P$, $N = -\left(1 - \frac{\ell_1}{\ell_0}\right)P$, $M = -\frac{\ell_1^2}{h\ell_0}x$ を得る.

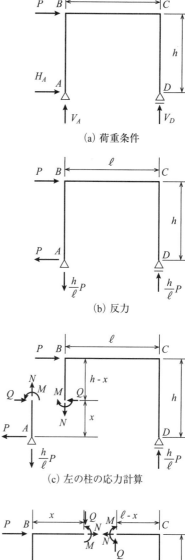

(a) 荷重条件

(b) 反力

(c) 左の柱の応力計算

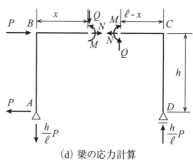

(d) 梁の応力計算

図 4.23 静定ラーメンの解法

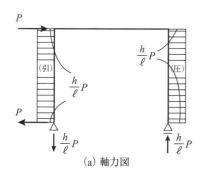

(a) 軸力図

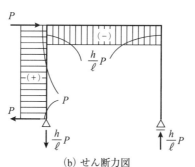

(b) せん断力図

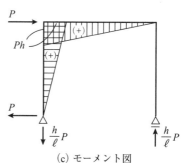

(c) モーメント図

図 4.24 応力図

b. 梁中央付近の応力（図 4.26（c））

節点 CE 間の梁応力を考え，節点 B から E に向かう方向を x とおくと，位置 x における断面力 M, N, Q について，左側の力の釣り合いは以下となる．

$$\sum P_x = \frac{\ell_1^2}{h\ell_0}P + N = 0$$

$$\sum P_y = \left(1 - \frac{\ell_1}{\ell_0}\right)P - P - Q = 0$$

$$\sum M_{z@A} = P \cdot \ell_1 + Q \cdot x + N \cdot h - M = 0$$

これらより，$Q = -\frac{\ell_1}{\ell_0}P, N = -\frac{\ell_1^2}{h\ell_0}P, M = P\ell_1 - \frac{\ell_1}{\ell_0}(x+\ell_1)P$ を得る．

同様にして，梁の節点 BC 間や，右側の柱 EF についても応力を求め，結果を図示すると，図 4.27 に示すようになる．

前節の静定ラーメンで述べたとおり，剛節接合する節点 B, E における応力の釣り合いが確認できる．さらに，3 ピンラーメンの場合，ピンとなる節点 D において，モーメントは必ずゼロとなる．

4.6.3 3 ピンラーメンにおける対称性の利用

3 ピンラーメンでは，架構と荷重条件が対称の場合，対称性を利用することで，反力や応力が容易に求められる．

図 4.28 に示す対称な架構で対称荷重が作用する場合，対称軸に位

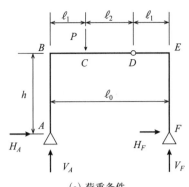

(a) 荷重条件

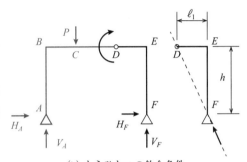

(b) もうひとつの釣合条件

図 4.25　3 ピンラーメンの例

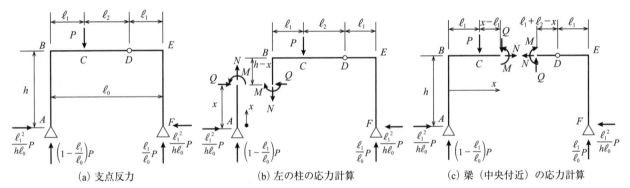

(a) 支点反力　　(b) 左の柱の応力計算　　(c) 梁（中央付近）の応力計算

図 4.26　3 ピンラーメンの計算例

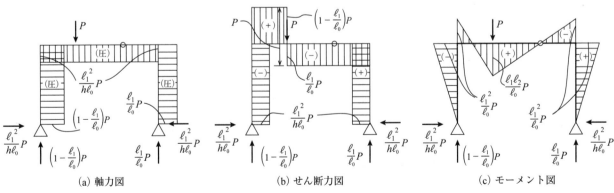

(a) 軸力図　　(b) せん断力図　　(c) モーメント図

図 4.27　3 ピンラーメンの応力図

置する節点 C から片側半分のみを考えればよく，この時，節点 C には，仮想的に水平反力 H_C が作用すると考えればよい．また，対称条件から，節点 B の反力は，節点 A の反力と対応し，以下となる．

$$V_B = V_A, H_B = -H_A$$

対称条件により簡略化した架構において，支点反力 H_A，V_A，H_C について，力の釣り合いは以下となる．

$$\sum P_x = P + H_A - H_C = 0$$
$$\sum P_y = -P + V_A = 0$$
$$\sum M_{z@A} = P \cdot 2h + P \cdot l - H_C \cdot h_0 = 0$$

これより，$H_C = (P/h_0)(2h+\ell)$，$V_A = P$，$H_A = (P/h_0)(\ell-h_0)$ となる．

部材応力の算定手順はこれまでと同様で，結果として図 4.29 のような軸力図，せん断力図，曲げモーメント図が得られる．

架構が対称で，荷重条件が「逆対称」の場合も同様に，対称条件を利用することで手順が簡略化できる．ここで，逆対称とは，対称軸に対して，力の大きさは対称であるが，向きは正負逆となる場合をいい，4.4 節で述べた「逆対称曲げモーメント分布」と同じ考え方による表現である．

図 4.30（a）に示すような逆対称荷重を考える．この時，対称条件から，節点 C の左側について，点 C には仮想的に鉛直方向の反力 V_C が作用すると考えることができる．

このとき，支点反力については，以下の条件が成り立つ．

$$V_B = -V_A, H_B = H_A$$

また，対称条件により簡略化した架構において，支点反力 H_A，V_A，V_C について，力の釣り合いは以下となる．

$$\sum P_x = P + H_A = 0$$
$$\sum P_y = V_A - P + V_C = 0$$
$$\sum M_{z@A} = P \cdot 2h + P \cdot \ell - V_C \cdot 2\ell = 0$$

これより，$V_C = P\left(\dfrac{h}{\ell}+\dfrac{1}{2}\right)$，$H_A = -P$，$V_A = P\left(\dfrac{1}{2}-\dfrac{h}{\ell}\right)$ となる．

部材応力の算定手順はこれまでと同様で，結果として図 4.31 のような軸力図，せん断力図，曲げモーメント図が得られる．

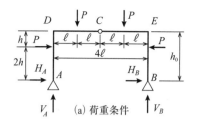

(a) 荷重条件

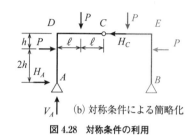

(b) 対称条件による簡略化

図 4.28 対称条件の利用

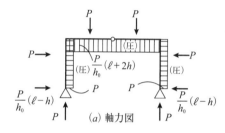

(a) 軸力図

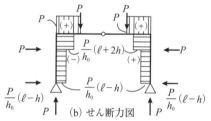

(b) せん断力図

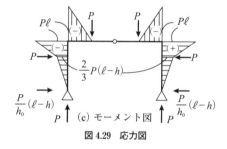

(c) モーメント図

図 4.29 応力図

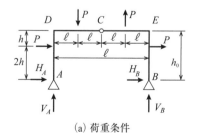

(a) 荷重条件　　(b) 逆対称条件による簡略化

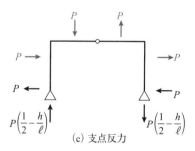

(c) 支点反力

図 4.30 逆対称条件の 3 ピンラーメン

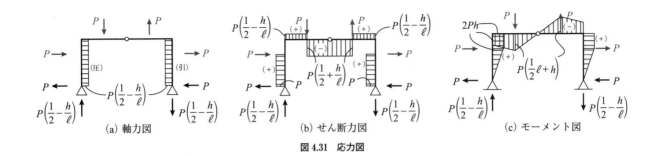

図 4.31 応力図

4.6.4 合成骨組

図 4.22 において示したように，ピン接合と剛接合が混在した骨組を合成骨組と呼ぶ．

図 4.32 に示す合成骨組を考える．この場合，節点 $A \sim D$ からなるトラス部と片持ち柱部に分けて考えることができる．トラス部は，節点 B, C でピン支持されるトラス架構となり，支点反力は図 4.32 (b) のようにおくことができる．なお，節点 C では，支点に 1 本の部材 CD のみ取り付いているため，反力の作用方向は，この部材と一致しなければならない．そのため，反力の大きさを R とすると，その鉛直，水平方向成分は，R で表すことができ，この場合，幾何学的に，それぞれ $\frac{3}{5}R, \frac{4}{5}R$ である．この条件より，支点反力は次のように得ることができる．

$$\sum P_x = H + \frac{4}{5}R = 0$$

$$\sum P_y = -P + V + \frac{3}{5}R = 0$$

$$\sum M_{z@B} = P \cdot 8\ell - \frac{4}{5}R \cdot 6\ell = 0$$

これより，$R = \frac{5}{3}P, V = 0, H = -\frac{4}{3}P$ が得られる．

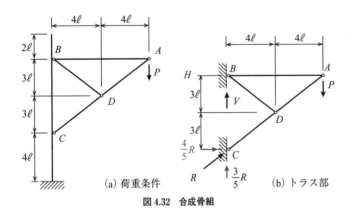

図 4.32 合成骨組

トラス部の反力計算結果を図 4.33 (a) に示す．このことから，片持ち柱部には，節点 B, C において，上述の反力と釣り合う荷重が作用すると考えることができる（図 4.33 (b)）．このように考えると，この先の部材応力については，これまでに述べてきたトラス架構と片持ち柱部材として，それぞれ求めることができよう．

計算結果は図 4.34 の通りとなる．

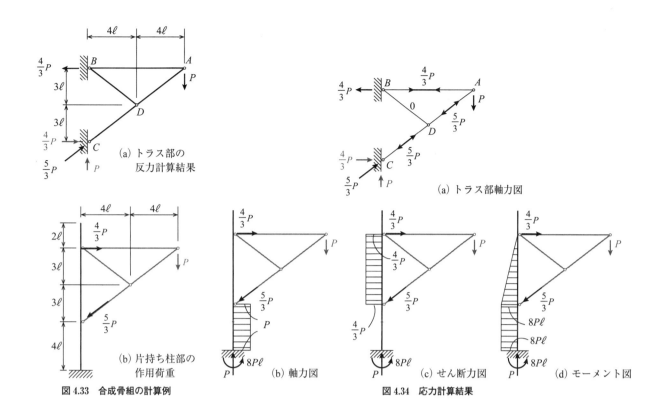

図4.33 合成骨組の計算例

図4.34 応力計算結果

4.6.5 静定骨組の組み合わせ

図4.35に示すように，静定構造の組み合わせを考える．合成骨組の場合と同様に，一方の架構の反力は，他方の架構にとっては荷重となる．すなわち，上の単純梁BCでは，支点反力R_B, R_Cが，以下のように得られる．続いて，得られた荷重R_B, R_Cが作用する片持ち梁ACを解けばよい．なお，片持ち梁ACが，単純梁BCにより間接的に受ける荷重を「間接荷重」と呼ぶ．支点反力H, V, Mは，図4.35（a）において荷重10[kN]に対する力の釣り合いからも求められる．すなわち，経路によらず，力の釣り合いが成立している．

$$\sum P_y = R_B + R_C - 10 = 0$$
$$\sum M_{z@C} = R_B \cdot 6 - 10 \cdot 4 = 0$$
$$\therefore R_B = \frac{20}{3}[\text{kN}], R_C = \frac{10}{3}[\text{kN}]$$

$$\sum P_y = V - R_B - R_C = V - 10 = 0$$
$$\sum M_{z@A} = M + R_B \cdot 6 + R_C \cdot 12 = 0$$
$$\therefore H = 0, V = 10[\text{kN}], M = -80[\text{kNm}]$$

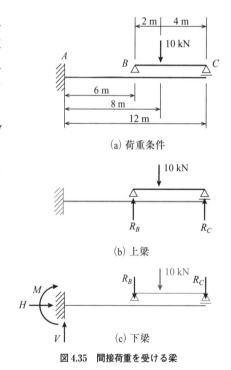

図4.35 間接荷重を受ける梁

支点反力に続いて，部材の応力を求めると，結果として，図4.36のようになる．

【例題 4.1】 下図の十字型架構の支点反力と応力を求めよ．

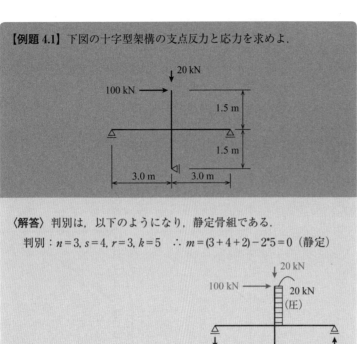

〈解答〉判別は，以下のようになり，静定骨組である．

判別：$n=3, s=4, r=3, k=5$　∴ $m=(3+4+2)-2{*}5=0$（静定）

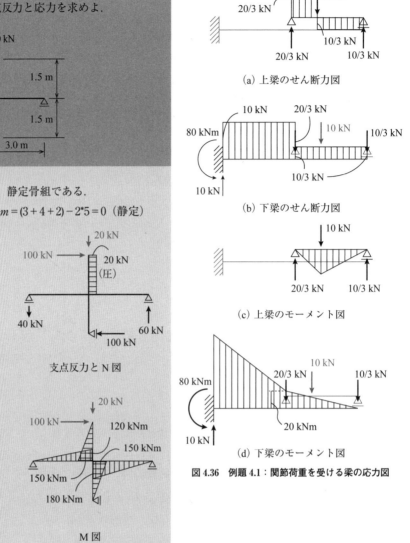

(a) 上梁のせん断力図

(b) 下梁のせん断力図

(c) 上梁のモーメント図

(d) 下梁のモーメント図

図 4.36　例題 4.1：関節荷重を受ける梁の応力図

支点反力と N 図

支点反力と Q 図

M 図

【例題 4.2】 下図のゲルバー梁の支点反力と応力を求めよ．

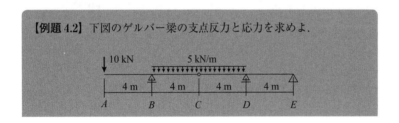

〈解答〉判別は,以下のようになり,静定骨組である.

判別：$n=4, s=4, r=2, k=5$ ∴ $m=(4+4+2)-2\cdot 5=0$（静定）

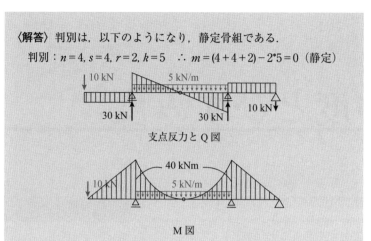

支点反力とQ図

M図

なお,節点 B, D は支点の条件はピンだが,部材は剛節である.

第5章　応力度とひずみ度

5.1　応力度とは

物体に**外力**が作用すると，図5.1のように**応力**が生じることは第4章に示した．ここでは，**応力度**について概説する．

応力は物体のある断面全体に生じる力であり，応力度は，その応力によって断面に生じる単位面積当たりの力のことである．よって，応力の単位は，せん断力，軸力がkNまたはN，曲げモーメントがkNm，Nmであるのに対し，応力度はN/mm^{2}もしくはkN/cm^{2}と表記され，一般的には，断面に垂直に生じる応力度を**垂直応力度**σ（シグマ），断面に並行に生じる応力度を**せん断応力度**τ（タウ）という．垂直応力度は，軸方向力，曲げモーメントによって，せん断応力度はせん断力によって生じる．垂直応力度の概念を図5.2に示す．軸方向力，曲げモーメントおよびせん断力が同時に作用すると，その断面の垂直応力度，せん断応力度は，部位によって大きく異なる．この応力度の算定法については，第6章で詳細に説明する．

外力が大きくなれば，応力は大きくなり，これに伴って応力度も増大する．ここでは弾性範囲（外力がなくなれば，外力が作用する前の状態に戻る）について記すが，物体は，応力が大きくなり，ある部位の応力度が耐えられる限界の応力度を上回ると，外力がなくなっても元の状態には戻らない．これは物体が損傷したためであり，このような状態を塑性状態という．たとえば，物体がコンクリートと鉄筋で構成されている鉄筋コンクリート造の場合，作用する外力が徐々に大きくなり，物体に最初に生じる損傷はコンクリートのひび割れである．このひび割れは，外力によって生じた応力度がコンクリートの引張強度に達すると生じる．外力がさらに大きくなると，鉄筋の降伏や破断，コンクリートの剥離などの損傷も生じ，最終的には物体は破壊に至る．このような損傷の進展に伴い，断面内の応力度分布の形状も変動していくことに注意を要する．このような物体によって構成された建物が破壊に至っても，その建物を使用している人々の命は守らねばならない．そのためには，まず，第6章の応力度算定の基礎を理解した上で，建物の構造設計法を身につけることが肝要である．

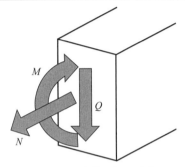

図5.1　断面全体に生じる応力

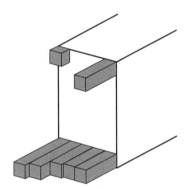

図5.2　断面に生じる垂直応力度

5.2 ひずみ度とは

ある物体の断面の微小領域（単位面積）が微小な厚さ dx を有しており，この領域が垂直応力度 σ によって，dv だけ厚さが変化した場合，変化量 dv を元の厚さ dx で除した値を**垂直ひずみ度 ε**（イプシロン）という．垂直ひずみ度の概念を図 5.3 に示す．

また，せん断ひずみ度の概念を図 5.4 に示す．微小領域がせん断応力度 τ によって，一辺が du だけ上下方向に移動した場合，厚さ dx の領域が変形する．この変形角を**せん断ひずみ度 γ**（ガンマ）という．

これらひずみ度から物体の変形量を算定することができる．その物体の変形量がわかれば，その物体から構成された建物の変形量もわかる．建物に作用する外力の大きさと変形量（地震時では，特に水平変形量の把握が重要）の関係の把握により，地震時の損傷状態の計算も可能となる．また，建物には水道やガスなどの管が設置されているが，これらは建物の変形量に追従できず破損する場合もある．このことからも，外力の作用する物体の変形量を把握することが重要であることがわかる．そのため，第7章において，変形量算定の基礎をしっかりと理解してほしい．

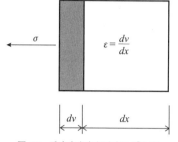

図 5.3　垂直応力度と垂直ひずみ度

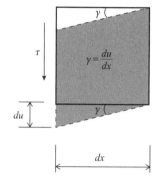

図 5.4　せん断応力度とせん断ひずみ

5.3　フックの法則

垂直応力度 σ とそれによって生じる垂直ひずみ度 ε は，弾性（作用している外力をゼロにした時，元の状態に戻る：変形もゼロに戻る）の場合，その物体特有のヤング係数（物体の硬さを表す係数 E）を介して比例する．つまり，

$$\sigma = E\varepsilon \tag{5.1}$$

これを，**フックの法則**という．

同様に，せん断応力度 τ とせん断ひずみ度 γ の関係も，弾性である場合，**せん断弾性係数 G** を介して比例関係にある．

$$\tau = G\gamma \tag{5.2}$$

第6章 応力度の算定

6.1 軸方向応力度と曲げ応力度

6.1.1 軸方向応力度と曲げ応力度

軸方向応力度は**軸方向力**によって生じ，**曲げ応力度**は曲げモーメントによって生じる**垂直応力度**である．軸方向力 N が断面（断面積 A）の図心（ここを指で支えた場合，図6.1のように断面は傾かない）に生じる場合，軸方向応力度は，図6.2のように断面に均一に生じる．つまり，軸方向応力度 σ は，式 (6.1) より求められる．軸方向力が引張の場合は**引張応力度**（符号＋），圧縮の場合は**圧縮応力度**（符号−）である．

図6.1　図心の概念

$$\sigma = \frac{N}{A} \quad (6.1)$$

曲げモーメント M が断面に生じると，断面内には，引張応力度と圧縮応力度が生じる．図6.3の曲げモーメントマークの出発点側に引張応力度，終点側に圧縮応力度が生じる．これら応力度を集計した値を**断面力**といい，引張応力度を集計した値が**引張断面力** T，圧縮応力度を集計した値を**圧縮断面力** C という．まずは，図6.4のように曲げモーメントが単独で生じている場合を考えると（柱などは，一般的に曲げモーメントと軸方向力が同時に生じる），T と C は，それぞれの重心位置に生じ，その大きさの絶対値は等しく，向きが逆となる．つまり，

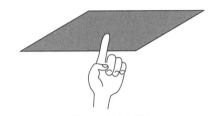

図6.2　軸方向応力度

$$C + T = 0 \quad (6.2)$$

これが，曲げモーメントが生じる断面内の応力度の基本式である．軸方向力 N も生じている場合は，

$$C + T = N \quad (6.3)$$

以下，曲げモーメント M のみが生じている場合を記す．C と T の重心位置の間の距離を ℓ とすると，これは**偶力モーメント** M となり，式 (6.4) で表せる．これが，断面に生じる曲げモーメント M と釣り合う．

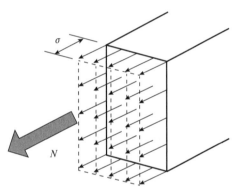

図6.3　曲げ応力度

$$M = T\ell = -C\ell \quad (6.4)$$

さて，次に曲げモーメントによって生じる断面内の応力度分布について概説する．曲げモーメントが生じている方向，たとえば，水平軸まわりに生じている場合は，その断面はその水平軸まわりに剛体回転すると考える．つまり，断面上下端部の変形が最も大きくなる．この時の回転中心が曲げモーメントが生じている水平軸であり，

その軸を**中立軸**という．このように，変形後も断面形状はでこぼこにならず，平たんであることを**平面保持**という．たとえば，鉄筋コンクリート造梁において，大きな曲げモーメントによりひび割れが生じた後でも一般的に平面保持は成立する．断面は厚さを考えていない，つまり微小部位の変形であることから，この変形量はひずみ度である．つまり，曲げモーメントによって，ひずみ度は端部で最大もしくは最小となり，中立軸 n–n でゼロとなる．このひずみ度分布による断面の回転角を**曲率** ϕ という．

ここで，フックの法則を思い出そう．フックの法則では，応力度とひずみ度は**ヤング係数**を介して比例関係にある．ヤング係数は，その物体が均一であれば，物体のどこでも同じ値であるから，曲げモーメント M による応力度分布も，端部で最大もしくは最小，中立軸 n–n でゼロとなる．

今，幅 b，せい D の長方形断面の梁を考えよう．曲げモーメント M は，せいの中立軸 n–n まわりに生じている．この位置の算定方法は，後述する．ここでは，断面はせい方向で対称な長方形であることから，中立軸位置は，図 6.4 のようにせい方向中央，つまり端部から $D/2$ である．

断面縁（端部）の引張応力度を σ_t とすると，逆側縁の圧縮応力度は，$\sigma_c = -\sigma_t$ となる．引張断面力 T は，

$$T = \sigma_t b \frac{D}{2} \cdot \frac{1}{2} = \frac{\sigma_t bD}{4} \tag{6.5}$$

圧縮断面力：C は，

$$C = \sigma_c b \frac{D}{2} \cdot \frac{1}{2} = \frac{\sigma_c bD}{4} \tag{6.6}$$

つまり，式（6.2）は成立する．T と C の重心位置は，それぞれの応力度分布が三角形であることから，中立軸より $D/3$ となり，T と C の間の距離は $2D/3$ となる．よって，偶力モーメント M は，

$$M = T \frac{2D}{3} = \frac{\sigma_t bD^2}{6} \tag{6.7}$$

これを σ_t で解くと，

$$\sigma_t = \frac{M}{\frac{bD^2}{6}} \tag{6.8}$$

つまり，断面縁の引張応力度は，曲げモーメントを $bD^2/6$ で除すことにより求められる．この値は Z で表され，**断面係数**という．

$$Z = \frac{bD^2}{6} \tag{6.9}$$

$$\sigma_t = \frac{M}{Z} \tag{6.10}$$

図 6.5 のように断面形状が非対称である場合，Z は引張応力度算定用 Z_t と圧縮応力度算定用 Z_c とで異なる．これには，断面2次モーメント I を用いる必要がある（I については 7.2 節で述べる）．中立軸 n–n から引張縁までの距離を y_t，圧縮縁までの距離を y_c とす

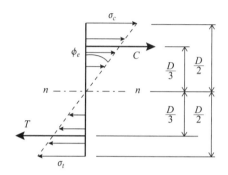

図 6.4　曲げ応力度と断面力

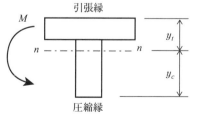

図 6.5　引張縁と圧縮縁

ると，以下の関係式が成立する．

$$Z_t = \frac{I}{y_t} \qquad (6.11)$$

$$Z_c = \frac{I}{y_c} \qquad (6.12)$$

対称な長方形断面（せいD）の場合は，$y_t = y_c = D/2$ となる．

曲げモーメントと軸方向力が同時に作用する場合の応力度は，曲げモーメントによる応力度に軸方向力（式（6.1）より算定）による応力度を加算すればよい．この際，符号に注意し，引張を＋，圧縮を－とする．

6.1.2 断面1次モーメント

ここで，中立軸位置算定方法を説明する．これには，**断面1次モーメント**を用いる．まずは，断面1次モーメントを概説する．

図6.6において，x軸まわりの断面1次モーメント S_x は，すべての微小部位の面積 dA に x 軸からの距離 y をかけた値を集計した値であり，式で表せば，式（6.13）となる．

$$S_x = \int y dA \qquad (6.13)$$

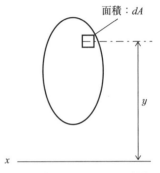

図6.6 断面1次モーメントの概念

全断面に対する断面1次モーメントを中立軸まわりで計算した場合は，その値はゼロとなる．これは例題6.1に示す．

次に，図6.7に基づき，中立軸 $n-n$ 位置算定方法を説明する．曲げモーメント M が生じている断面では，式（6.2）が成立する．この時の垂直応力度分布の回転角を ϕ_e とすると，中立軸 $n-n$ から y の位置の応力度は $\phi_e y$，この位置の断面幅を ℓ_y とすると，断面力は，引張側が，

$$T = \int_0^{y_t} \phi_e y \ell_y dy \qquad (6.14)$$

圧縮側は，

$$C = \int_{-y_c}^0 \phi_e y \ell_y dy \qquad (6.15)$$

式（6.2）より，

$$T + C = \int_0^{y_t} \phi_e y \ell_y dy + \int_{-y_c}^0 \phi_e y \ell_y dy = 0 \qquad (6.16)$$

ここで，圧縮縁から微小領域までの距離を x とすると，$x = y + y_c$ より，式（6.16）は，

$$\int_{y_c}^{y_t + y_c} (x - y_c) \ell_y dx + \int_0^{y_c} (x - y_c) \ell_y dx \\ = \int_0^{y_t + y_c} x \ell_y dx - \int_0^{y_t + y_c} y_c \ell_y dx = 0 \qquad (6.17)$$

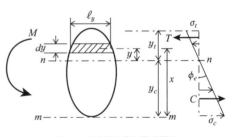

図6.7 中立軸位置の算定概念

$\ell_y dx$ は微小領域の面積であるから，これを dA とすると，式（6.17）は，

$$\int_0^{y_t + y_c} x dA = \int_0^{y_t + y_c} y_c dA = y_c \int_0^{y_t + y_c} dA \qquad (6.18)$$

式（6.18）の左辺は，圧縮縁まわりの断面1次モーメント S_m，右辺の第二項 $\int_0^{y_1+y_c} dA$ は断面積 A であるから，$S_m = y_c A$ となり，圧縮縁から中立軸までの距離 y_c は，

$$y_c = \frac{S_m}{A} \tag{6.19}$$

6.1.3 断面2次モーメント

図6.8において，x軸まわりの断面2次モーメント I_x は，すべての微小部位の面積 dA に x 軸からの距離 y の2乗をかけた値を集計した値であり，式で表せば，式（6.20）となる．

$$I_x = \int y^2 dA \tag{6.20}$$

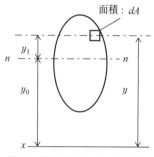

図6.8 断面2次モーメントの概念

I_x と中立軸 n-n まわりの断面2次モーメント I_n の関係は，

$$\begin{aligned} I_x &= \int y^2 dA = \int (y_0 + y_1)^2 dA \\ &= \int (y_0^2 + 2y_0 y_1 + y_1^2) dA \\ &= \int y_1^2 dA + 2y_0 \int y_1 dA + y_0^2 \int dA \end{aligned} \tag{6.21}$$

ここで，$\int y_1^2 dA$ は中立軸 n-n まわりの断面2次モーメント I_n，$\int y_1 dA$ は中立軸 n-n まわりの全断面に対する断面1次モーメント S_n，$\int dA$ は全断面積 A であり，全断面に対する中立軸 n-n まわりの断面1次モーメント S_n はゼロであるから，

$$I_x = I_n + 2y_0 S_n + A y_0^2 = I_n + A y_0^2 \tag{6.22}$$

【例題6.1】 図6.9の断面の中立軸 n-n まわりの断面1次モーメント S_n と断面2次モーメント I_n を求めよ．

〈解答〉断面は長方形断面なので，中立軸位置 n-n はせいの中央である．よって，断面1次モーメント S_n の算定式は，

$$S_n = \int y dA = \int y b dy = \frac{by^2}{2} + C \quad C：積分定数$$

中立軸から上の半分を対象とした場合は，

$$S_n = \left[\frac{by^2}{2} + C \right]_0^{+\frac{D}{2}} = \frac{bD^2}{8}$$

全断面を対象とした場合は，

$$S_n = \left[\frac{by^2}{2} + C \right]_{-\frac{D}{2}}^{+\frac{D}{2}} = \frac{bD^2}{8} - \frac{bD^2}{8} = 0$$

断面2次モーメント I_n は，

$$I_n = \int y^2 dA = \int_{-\frac{D}{2}}^{+\frac{D}{2}} y^2 b dy = \left[\frac{by^3}{3} \right]_{-\frac{D}{2}}^{+\frac{D}{2}} = \frac{bD^3}{24} + \frac{bD^3}{24} = \frac{bD^3}{12}$$

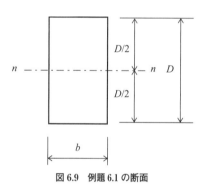

図6.9 例題6.1の断面

【例題 6.2】 図 6.10 の断面の中立軸位置 y_c を求め，その中立軸 $n-n$ まわりの断面 2 次モーメント I_n を求めよ．

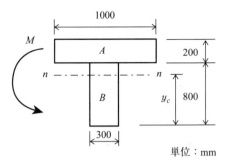

図 6.10　例題 6.2：断面

〈解答〉

A 部分の断面積 $A_A = 1000 \times 200 = 20 \times 10^4$ [mm^2]

B 部分の断面積 $A_B = 300 \times 800 = 24 \times 10^4$ [mm^2]

A 部分の断面 1 次モーメント（圧縮縁まわり）S_A

$$S_A = A_A \times y_A = 20 \times 10^4 \times \left(800 + \frac{200}{2}\right) = 180 \times 10^6 [\text{mm}^3]$$

B 部分の断面 1 次モーメント（圧縮縁まわり）S_B

$$S_B = A_B \times y_B = 24 \times 10^4 \times \frac{800}{2} = 96 \times 10^6 [\text{mm}^3]$$

よって，中立軸位置 y_c は，

$$y_c = \frac{S_m}{A} = \frac{S_A + S_B}{A_A + A_B} = 627 [\text{mm}]$$

次に，その中立軸 $n-n$ まわりの断面 2 次モーメント I_n を求める．これは，式 (6.22) を用いればよい．

A 部分の中立軸 $n-n$ まわりの断面 2 次モーメント I_A

$$I_A = \frac{b_A D_A^3}{12} + (y_A - y_c)^2 \times A_A$$

$$= \frac{1000 \times 200^3}{12} + (900 - 627)^2 \times 20 \times 10^4$$

$$= 15.57 \times 10^9 [\text{mm}^4]$$

B 部分の中立軸 $n-n$ まわりの断面 2 次モーメント I_B

$$I_B = \frac{b_B D_B^3}{12} + (y_B - y_c)^2 \times A_B$$

$$= \frac{300 \times 800^3}{12} + (400 - 627)^2 \times 24 \times 10^4$$

$$= 25.2 \times 10^9 [\text{mm}^4]$$

よって，断面全体の中立軸 $n-n$ まわりの断面 2 次モーメント I_n は，

$$I_n = I_A + I_B = 15.57 \times 10^9 + 25.2 \times 10^9 = 40.8 \times 10^9 [\text{mm}^4]$$

6.2　せん断応力度

部材に**せん断力** Q が生じると，その内部では**せん断応力度** τ が生じる．応力がせん断力のみ，もしくはせん断力＋軸方向力の場合には，せん断応力度は部材断面に均等に生じる．つまり，この場合には，断面のどの部位でもせん断応力度は同じである．よって，断面積を A とすると，この時のせん断応力度は，式 (6.23) で求められる．

$$\tau = \frac{Q}{A} \qquad (6.23)$$

ところが，曲げモーメント M も生じると，せん断応力度は均一にはならない．ここでは，この場合のせん断応力度の算定方法を示す．

今，図 6.11 のように，F という力によって，微小幅 dx の左側 AB 面に曲げモーメント M，右側 CD 面に曲げモーメント M' が生じて

いる状態を考える．力 F の位置と AB 面の距離は r，CD 面までの距離は $r+dx$ であるから，

$$M = Fr \tag{6.24}$$

$$M' = F(r+dx) \tag{6.25}$$

曲げモーメントによる中立軸 $n-n$ から y の位置の垂直応力度を AB 面では σ，CD 面では σ' とすると，

$$\sigma = \frac{M}{I_n}y = \frac{Fry}{I_n} \tag{6.26}$$

$$\sigma' = \frac{M'}{I_n}y = \frac{F(r+dx)y}{I_n} = \frac{Fry}{I_n} + \frac{F \cdot dx \cdot y}{I_n} \tag{6.27}$$

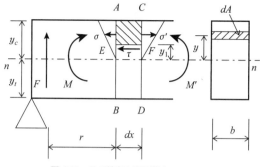

図 6.11 せん断応力度の概念

I_n は中立軸 $n-n$ まわりの断面 2 次モーメントである．これら垂直応力度が，微小断面積 dA に生じているとすると，この部分の垂直応力は σdA，$\sigma' dA$ となる．よって，AE 面と CF 面の垂直応力は，中立軸 $n-n$ から AC 面と EF 面までの距離をそれぞれ，y_c，y_1 とすれば，

$$C_{AE} = \int_{y_1}^{y_c} \sigma dA = \int_{y_1}^{y_c} \frac{Fry}{I_n} dA \tag{6.28}$$

$$\begin{aligned} C_{CF} &= \int_{y_1}^{y_c} \sigma' dA = \int_{y_1}^{y_c} \left(\frac{Fry}{I_n} + \frac{F \cdot dx \cdot y}{I_n} \right) dA \\ &= \int_{y_1}^{y_c} \frac{Fry}{I_n} dA + \int_{y_1}^{y_c} \frac{F \cdot dx \cdot y}{I_n} dA \end{aligned} \tag{6.29}$$

ここで，CF 面と AE 面の垂直応力の差は EF 面に生じる．その力は，EF 面（面積 $dx \times b$）に平行に生じるせん断力であり，それによるせん断応力度を τ とすると，

$$\tau \cdot dx \cdot b = C_{CF} - C_{AE} = \int_{y_1}^{y_c} \frac{F \cdot dx \cdot y}{I_n} dA = \frac{F \cdot dx}{I_n} \int_{y_1}^{y_c} y dA \tag{6.30}$$

よって，せん断応力度 τ は，

$$\tau = \frac{F}{bI_n} \int_{y_1}^{y_c} y dA \tag{6.31}$$

$\int_{y_1}^{y_c} y dA$ は，y_1 位置から y_c までの部分の中立軸まわりの断面 1 次モーメント S_{y1} であるから，

$$S_{y1} = \int_{y_1}^{y_c} y dA \tag{6.32}$$

F は dx 部分に生じるせん断力であるから，これを Q とすると，

$$\tau = \frac{S_{y1} Q}{bI_n} \tag{6.33}$$

つまり，せん断応力度 τ は，中立軸 $n-n$ からの距離 y に応じて変動することになる．断面 1 次モーメント S_{y1} が最も大きくなる時は，$y_1 = 0$ の場合であるから，最も大きなせん断応力度 $\tau_{\max}$ は中立軸位置 $n-n$ で生じ，その値は長方形断面（せい D，幅 b）の場合は，$S_{y1} = bD^2/8$ であるから（例題 6.1 参照），

$$\tau_{\max} = \frac{S_{y1}Q}{bI_n} = \frac{\frac{bD^2}{8}Q}{b\frac{bD^3}{12}} = 1.5\frac{Q}{bD} = 1.5\tau_{ave} \quad (6.34)$$

すなわち，せん断力のみが生じている場合のせん断応力度（せん断力を断面積で除すだけなので，これを**平均せん断応力度** τ_{ave} という）に対し，曲げモーメントも生じている場合の**最大せん断応力度** $\tau_{\max}$ は，1.5 倍となる（長方形断面の場合）．この値 1.5 は，**応力度法によるせん断に対する形状係数**と呼ばれ，通常，κ_s（カッパ）で表す．この形状係数はせん断応力度算定時に用いられる．せん断力によって生じるせん断変形算定時には，**エネルギー法によるせん断に対する形状係数** κ_e が用いられる．これに関しては，次章で詳細に述べる．

【例題 6.3】図 6.12 に示す H 形断面にせん断力 Q と曲げモーメント M が生じている場合のせん断応力度分布を求めよ．

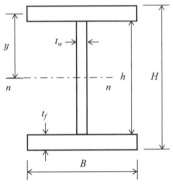

図 6.12　例題 6.3：H 形断面

〈解答〉中立軸 $n-n$ まわりの断面 2 次モーメント I_n は，$B \times H$ の矩形断面の断面 2 次モーメントから，$(B-t_w) \times h$ の断面 2 次モーメントを引けばよい．または，3 つの長方形断面の断面 2 次モーメントを個々に求め，その和としてもよい．ここでは，前者の方法により，

$$I_n = \frac{1}{12}\{BH^3 - (B-t_w)h^3\}$$

以下，対称断面なので，中立軸 $n-n$ 位置より上のせん断応力度分布を求める．

i) y がフランジ内にある場合（$h/2 \leq y \leq H/2$）
　y：中立軸位置から，せん断応力度を求める位置までの距離
　y から上の部分の断面積は，

$$A = B\left(\frac{H}{2} - y\right)$$

中立軸から，この部分の重心までの距離は，

$$Y = \frac{1}{2}\left(\frac{H}{2} + y\right)$$

よって，この部分の中立軸まわりの断面 1 次モーメントは，

$$S_Y = AY = \frac{B}{2}\left(\frac{H^2}{4} - y^2\right)$$

せん断応力度 τ_y は，

$$\tau_y = \frac{S_Y Q}{BI_n} = \frac{Q}{2I_n}\left(\frac{H^2}{4} - y^2\right)$$

ii) y がウェブ内にある場合（$0 \leq y \leq h/2$）
　y から上の部分の断面積は，

$$\text{フランジ：} A_f = Bt_f = B\left(\frac{H}{2} - \frac{h}{2}\right)$$

$$\text{ウェブ：} A_w = t_w\left(\frac{h}{2} - y\right)$$

中立軸 $n-n$ から，このそれぞれの部分の重心までの距離は，

$$\text{フランジ}: Y_f = \frac{1}{2}\left(\frac{H}{2}+\frac{h}{2}\right)$$

$$\text{ウェブ}: Y_w = \frac{1}{2}\left(\frac{h}{2}+y\right)$$

よって，この部分の中立軸 $n-n$ まわりの断面1次モーメントは，

$$S_Y = A_f Y_f + A_w Y_w = \frac{B}{8}(H^2-h^2)+\frac{t_w}{2}\left(\frac{h^2}{4}-y^2\right)$$

せん断応力度 τ_y は，

$$\tau_y = \frac{S_Y Q}{t_w I_n} = \frac{Q}{t_w I_n}\left\{\frac{B}{8}(H^2-h^2)+\frac{t_w}{2}\left(\frac{h^2}{4}-y^2\right)\right\}$$

以上で，せん断応力度 τ_y の分布は求まった．ここで，断面形状寸法に具体的な数字をいれてみよう．

今，$H=400$ [mm]，$B=200$ [mm]，$t_f=20$ [mm]，$t_w=10$ [mm] とすると，$h=360$ [mm] となり，断面2次モーメント I_n は，

$$I_n = \frac{1}{12}\{BH^3-(B-t_w)h^3\} = 3.28\times 10^8 \text{[mm}^4\text{]}$$

せん断力を $Q=100$ [kN] とすると，この場合のせん断応力度 τ_y の式は，

i) y がフランジ内にある場合（$h/2 \leq y \leq H/2$）

$$\tau_y = \frac{Q}{2I_n}\left(\frac{H^2}{4}-y^2\right) = \frac{100\times 1000}{6.56\times 10^8}\left(\frac{400^2}{4}-y^2\right) \text{[N/mm}^2\text{]}$$

ii) y がウエブ内にある場合（$0 \leq y \leq h/2$）

$$\tau_y = \frac{Q}{t_W I_n}\left\{\frac{B}{8}(H^2-h^2)+\frac{t_w}{2}\left(\frac{h^2}{4}-y^2\right)\right\}$$

$$= \frac{100\times 1000}{10\times 3.28\times 10^8}\left\{\frac{200}{2}(400^2-360^2)+\frac{10}{2}\left(\frac{360^2}{4}-y^2\right)\right\} \text{[N/mm}^2\text{]}$$

これで，せん断応力度分布を描くと，図6.13となる．これを見ると，H形断面の場合，フランジ部分の負担せん断力は小さく，大半がウェブ部分であり，その分布はほぼ均一であることがわかる．よって，H形鋼の梁や柱のせん断応力度の算定では，負担せん断力をウェブ部分の断面積のみで除すことにより求めることが多い．

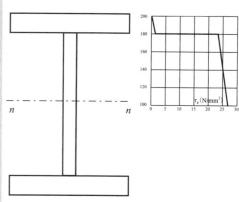

図6.13 せん断応力度分布算定結果

【例題6.4】図6.14のように，2点集中荷重を受けている梁がある．この梁の許容応力度は，垂直（曲げ）応力度が $f_b = 9.0$ [N/mm²]，せん断応力度が $f_s = 0.7$ [N/mm²] である．この場合の梁に作用できる最も大きな荷重 P を求めよ．

〈解答〉許容応力度とは，荷重が作用している部材がその応力度に達するまで，何ら問題が生じることなく，健全な状態を維持できる限界の応力度のことであり，部材の応力度がこの許容応力度を超えると部材は作用する荷重によって損傷することになる．

ここでいう**許容垂直応力度**とは，曲げモーメント，軸方向力もしくはそれらが同時に生じることによって，断面に生じる垂直応力度の限界値である．**許容せん断応力度**とは，せん断力によって生じるせん断応力度の限界値のことである．図6.14の場合，荷重が徐々に大きくなると，曲げモーメント，せん断力も大きくなり，それに伴って，垂直応力度とせん断応力度も大きくなり，やがて，このどち

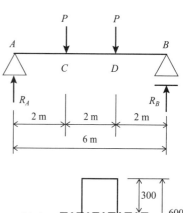

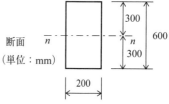

図6.14 例題6.4：2点集中荷重を受けている梁

らかが限界値である許容応力度に達することになる．この時の荷重が，この梁の負担可能な最大荷重となる．

まず，荷重 P 作用時の最大せん断力 Q_{max} と最大曲げモーメント M_{max} を求める．

A 点，B 点の反力は，上向きに R_A, R_B とすると，鉛直方向の力の釣り合いより，$2P-R_A-R_B=0$

B 点での曲げモーメントの釣り合いより，$6R_A-4P-2P=0$

これらより，$R_A=R_B=P$ となる．

この時の最大せん断力 Q_{max} は，A–C 間もしくは D–B 間で $Q_{max}=P$（D–B 間の符号は負），最大曲げモーメント M_{max} は，C–D 間で $M_{max}=2000R_A=2000P$ となる（距離 mm）．

この M_{max} による最大垂直（曲げ）応力度 σ_{max} は，断面縁で生じ，これは断面係数 Z_n で M_{max} を除すことにより得られる．よって，

$$\sigma_{max}=\frac{M_{max}}{Z_n}=\frac{2000P}{\frac{bD^2}{6}}=\frac{2000P}{\frac{200\times 600^2}{6}}=\frac{P}{6\times 10^3}$$

この σ_{max} が，許容垂直応力度 f_b となる時の荷重 P が曲げモーメントによって決まる最大荷重 $_bP$ となる．よって，

$$_bP=\sigma_{max}\times 6\times 10^3=f_b\times 6\times 10^3=9.0\times 6\times 10^3=54.0\ [\mathrm{kN}]$$

せん断力 Q_{max} による最大せん断応力度 τ_{max} は断面の中立軸位置 n–n（長方形断面では，断面中央）で生じ，その値は下式より得られる．

$$\tau_{max}=\kappa_s\frac{Q_{max}}{bD}=1.5\frac{P}{200\times 600}=\frac{P}{8\times 10^4}$$

この τ_{max} が許容せん断応力度 f_s となる時の荷重 P がせん断力によって決まる最大荷重 $_sP$ となる．よって，

$$_sP=\tau_{max}\times 8\times 10^4=f_s\times 8\times 10^4=0.7\times 8\times 10^4=56.0\ [\mathrm{kN}]$$

よって，$_bP=54.0\ [\mathrm{kN}]<_sP=56.0\ [\mathrm{kN}]$ より，この梁に作用できる最大荷重は 54.0 [kN] で，この値は曲げモーメントによって決まる．

6.3　2方向応力による応力度

6.3.1　モールの応力円の理論

まずは，1方向力による応力度を考える．

図 6.15 のように部材に引張応力 N が生じている場合，断面 a–b（断面積 A）では，引張応力度 σ が生じており，その値は，式 (6.35) で求められる．

$$\sigma=\frac{N}{A} \quad (6.35)$$

今，断面 a–b から θ 傾いた断面 a–c の部材軸方向の垂直応力度 σ_n を考える．断面 a–b の断面積は A であるから，断面 a–c の断面積は $A/\cos\theta$ となり，σ_n は，

$$\sigma_n=\frac{N}{\frac{A}{\cos\theta}}=\frac{N}{A}\cos\theta=\sigma\cos\theta \quad (6.36)$$

この σ_n を図 6.16 のように，断面 a–c と垂直の応力度と平行な応力

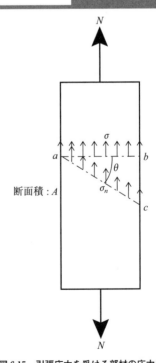

図 6.15　引張応力を受ける部材の応力度

度に分解すると，垂直応力度 σ_θ は，

$$\sigma_\theta = \sigma_n \cos\theta = \sigma\cos^2\theta \tag{6.37}$$

平行応力度 τ_θ は，

$$\tau_\theta = \sigma_n \sin\theta = \sigma\cos\theta\sin\theta = \frac{1}{2}\sigma\sin 2\theta \tag{6.38}$$

この平行応力度は，断面に平行に生じるせん断応力度である．

ここで，θ を変化させてみる．

$$\theta = 0 \to \cos\theta = 1, \sin 2\theta = 0 \to \sigma_\theta = \sigma, \tau_\theta = 0$$

$$\theta = \frac{\pi}{4} = 45° \to \cos\theta = \frac{1}{\sqrt{2}}, \sin 2\theta = 1 \to \sigma_\theta = \frac{\sigma}{2}, \tau_\theta = \frac{\sigma}{2}$$

となり，角度に応じて，その面の垂直応力度とせん断応力度が変動することがわかる．

次に，x, y の 2 方向に垂直応力度が生じている場合を考える．先ず，x 方向の引張力によって，σ_x が生じている場合，図 6.17 の微小領域（正方形）の断面 $m-m$ では，

$$\sigma_{xn} = \sigma_x \cos\theta \tag{6.39}$$

$$\sigma_{x\theta} = \sigma_x \cos^2\theta \tag{6.40}$$

$$\tau_{x\theta} = \sigma_x \cos\theta\sin\theta \tag{6.41}$$

y 方向の引張力に対して，σ_y が生じている場合，図 6.18 の断面 $m-m$ では，

$$\sigma_{yn} = \sigma_y \sin\theta \tag{6.42}$$

$$\sigma_{y\theta} = \sigma_y \sin^2\theta \tag{6.43}$$

$$\tau_{y\theta} = -\sigma_y \cos\theta\sin\theta \tag{6.44}$$

よって，両方向同時に生じている場合は，図 6.19 の断面 $m-m$ では，

$$\begin{aligned}\sigma_\theta &= \sigma_{x\theta} + \sigma_{y\theta} = \sigma_x\cos^2\theta + \sigma_y\sin^2\theta \\ &= \sigma_x\frac{(1+\cos 2\theta)}{2} + \sigma_y\frac{(1-\cos 2\theta)}{2} \\ &= \frac{\sigma_x+\sigma_y}{2} + \frac{(\sigma_x-\sigma_y)\cos 2\theta}{2}\end{aligned} \tag{6.45}$$

$$\tau_\theta = \tau_{x\theta} + \tau_{y\theta} = (\sigma_x-\sigma_y)\sin\theta\cos\theta = \frac{(\sigma_x-\sigma_y)\sin 2\theta}{2} \tag{6.46}$$

さらに，せん断応力度 τ が生じている場合を考える．図 6.20 において，回転が生じないためには，

$$\tau_{xy} = \tau_{yx} \tag{6.47}$$

断面 $m-m$ に関わる領域は，図 6.21 となる．この図の左半分の三角形での力の釣り合いを考える．

σ_θ'' 方向の力の釣り合いは，$m-m$ の長さを S とすると，

$$\tau_{xy}S\cos\theta\sin\theta + \tau_{yx}S\sin\theta\cos\theta + \sigma_\theta''S = 0 \tag{6.48}$$

よって，

$$\sigma_\theta'' = -2\tau_{xy}\cos\theta\sin\theta = -\tau_{xy}\sin 2\theta \tag{6.49}$$

τ_θ'' 方向の力の釣り合いは，

$$-\tau_{xy}S\cos\theta\cos\theta + \tau_{yx}S\sin\theta\sin\theta + \tau_\theta''S = 0 \tag{6.50}$$

よって，

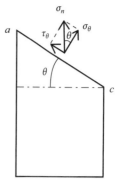

図 6.16 部材軸方向応力度の分解

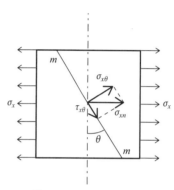

図 6.17 σ_x に対する応力度

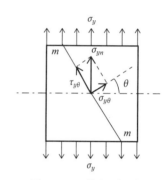

図 6.18 σ_y に対する応力度

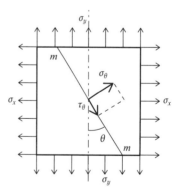

図 6.19 σ_x と σ_y に対する応力度

$$\tau_\theta'' = \tau_{xy}(\cos^2\theta - \sin^2\theta) = \tau_{xy}\cos 2\theta \qquad (6.51)$$

先ほどの垂直応力度のみが生じている場合の σ_θ, τ_θ の算定式に，これらを加算して，

$$\sigma_\theta = \frac{\sigma_x + \sigma_y}{2} + \frac{(\sigma_x - \sigma_y)\cos 2\theta}{2} - \tau_{xy}\sin 2\theta \qquad (6.52)$$

$$\tau_\theta = \frac{(\sigma_x - \sigma_y)\sin 2\theta}{2} + \tau_{xy}\cos 2\theta \qquad (6.53)$$

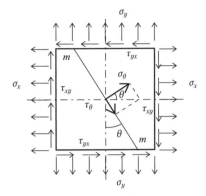

図 6.20 σ_x, σ_y, τ に対する応力度

これらから，**モールの応力円**の式を導く．式 (6.52) の右辺第 1 項を左辺に移行して，両辺を 2 乗すると，

$$\left(\sigma_\theta - \frac{\sigma_x + \sigma_y}{2}\right)^2 = \left\{\frac{(\sigma_x - \sigma_y)\cos 2\theta}{2} - \tau_{xy}\sin 2\theta\right\}^2 \qquad (6.54)$$

同様に，式 (6.53) の両辺を 2 乗すると，

$$\tau_\theta^2 = \left\{\frac{(\sigma_x - \sigma_y)\sin 2\theta}{2} + \tau_{xy}\cos 2\theta\right\}^2 \qquad (6.55)$$

式 (6.54) と式 (6.55) の右辺と右辺，左辺と左辺を加算すると，

$$\left(\sigma_\theta - \frac{\sigma_x + \sigma_y}{2}\right)^2 + \tau_\theta^2 = \left(\frac{\sigma_x - \sigma_y}{2}\right)^2 + \tau_{xy}^2 \qquad (6.56)$$

式 (6.56) は，σ_θ, τ_θ についての円の式である．円の中心は，$\left(\frac{\sigma_x + \sigma_y}{2}, 0\right)$，円の半径は，$r = \sqrt{\left(\frac{\sigma_x - \sigma_y}{2}\right)^2 + \tau_{xy}^2}$ である．

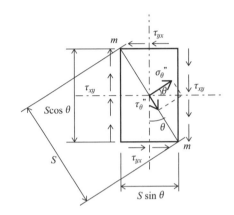

図 6.21 τ_{xy}, τ_{yx} に対する応力度

これで，円を描くと，図 6.22 となる．図中の σ_θ', τ_θ' は，断面 m-m が反時計回りに $\pi/2$ 回転した場合であり，式で表せば，式 (6.57), (6.58) となる．

$$\sigma_\theta' = \frac{\sigma_x + \sigma_y}{2} - \frac{(\sigma_x - \sigma_y)\cos 2\theta}{2} + \tau_{xy}\sin 2\theta \qquad (6.57)$$

$$\tau_\theta' = -\frac{(\sigma_x - \sigma_y)\sin 2\theta}{2} - \tau_{xy}\cos 2\theta \qquad (6.58)$$

モールの応力円では，ある面の垂直応力度が横軸に，せん断応力度が縦軸に表される．図 6.22 をみると，垂直応力度の最大と最小は横軸との交点に表れていることがわかる．つまり，この時は，せん断応力度はゼロとなる．この時の垂直応力度の最大を**最大主応力度** σ_1, 最小を**最小主応力度** σ_2 といい，これらが生じる面を**主応力面**という．この主応力度を数式により求めると，下記のようになる．

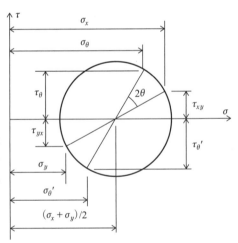

図 6.22 モールの応力円

主応力度は，応力度の極値であることから，式 (6.52) を θ で微分し，その結果をゼロとする．

$$\frac{d\sigma_\theta}{d\theta} = -(\sigma_x - \sigma_y)\sin 2\theta - 2\tau_{xy}\cos 2\theta = -2\tau_\theta = 0 \qquad (6.59)$$

式 (6.59) より，応力度が極値（最大または最小）となる時はせん断応力度がゼロとなることがわかる．よって，式 (6.53) より，

$$\frac{(\sigma_x - \sigma_y)\sin 2\theta}{2} + \tau_{xy}\cos 2\theta = 0 \qquad (6.60)$$

から，

$$\tan 2\theta = -\frac{2\tau_{xy}}{\sigma_x - \sigma_y} \qquad (6.61)$$

つまり，主応力面は，x軸から式（6.61）から求まる回転角θ回転した面となる．主応力面では，$\tau_\theta=0$ であるから，式（6.56）より，

$$\left(\sigma_\theta - \frac{\sigma_x+\sigma_y}{2}\right)^2 = \left(\frac{\sigma_x-\sigma_y}{2}\right)^2 + \tau_{xy}^2 \tag{6.62}$$

よって，最大主応力度は，

$$\sigma_1 = \frac{\sigma_x+\sigma_y}{2} + \sqrt{\left(\frac{\sigma_x-\sigma_y}{2}\right)^2 + \tau_{xy}^2} \tag{6.63}$$

最小主応力度は，

$$\sigma_2 = \frac{\sigma_x+\sigma_y}{2} - \sqrt{\left(\frac{\sigma_x-\sigma_y}{2}\right)^2 + \tau_{xy}^2} \tag{6.64}$$

これを表したモールの応力円を描くと，図6.23となる．同図より，σ_x の生じている面のせん断応力度 τ_{xy} は，

$$\tau_{xy} = -\frac{(\sigma_1-\sigma_2)\sin 2\theta}{2} \tag{6.65}$$

せん断応力度の極値（最大または最小）は，主応力面から $\pi/4$ 傾く面で生じ，式（6.66）で表される．

$$\tau_1, \tau_2 = \pm\sqrt{\left(\frac{\sigma_x-\sigma_y}{2}\right)^2 + \tau_{xy}^2} \tag{6.66}$$

6.3.2 モールの応力円の描き方

a. 主応力度 σ_1, σ_2, 主軸角度 θ（x方向と σ_1 方向の間の角度）がわかっている場合

図6.23において，
円の中心 $\ell = \dfrac{\sigma_1+\sigma_2}{2}$，円の半径 $R = \sigma_1 - \ell$
　　x, y 方向垂直応力度 $\sigma_x = \ell + R\cos 2\theta$，$\sigma_y = \ell - R\cos 2\theta$
　　x, y 方向せん断応力度 $\tau_{xy} = -R\sin 2\theta$，$\tau_{yx} = R\sin 2\theta$
以上より，モールの応力円は描ける．

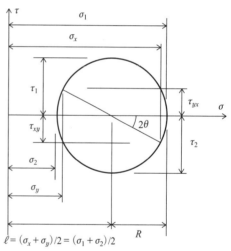

図6.23　モールの応力円

b. x, y 方向の垂直応力度 σ_x, σ_y とせん断応力度 τ_{xy} がわかっている場合

図6.23において，円の中心までの距離を ℓ，半径を R とすると，

$$\sigma_x = \ell + R\cos 2\theta,\ \sigma_y = \ell - R\cos 2\theta,\ \tau_{xy} = -R\sin 2\theta$$

これらから，

$$\ell = \frac{\sigma_x+\sigma_y}{2},\ R = \sqrt{(L-\sigma_y)^2 + \tau_{xy}^2},\ \tan 2\theta = -\frac{2\tau_{xy}}{\sigma_x - \sigma_y}$$

主応力度 $\sigma_1 = \ell + R$，$\sigma_2 = \ell - R$
以上より，モールの応力円は描ける．

c. 互いに45°をなす3方向の垂直応力度 σ_x, σ_y, σ_z がわかっている場合

　この場合，モールの応力円では，図6.24の関係にある．
　円の中心までの距離を ℓ，半径を R とすると，

$$\sigma_x = \ell + R\cos 2\theta$$

$$\sigma_y = \ell + R\cos\left(2\theta + \frac{\pi}{2}\right) = \ell - R\sin 2\theta$$

$$\sigma_z = \ell + R\cos(2\theta + \pi) = \ell - R\cos 2\theta$$

これらから，

$$\ell = \frac{\sigma_x + \sigma_z}{2}、R = \sqrt{(\ell - \sigma_y)^2 + (\ell - \sigma_z)^2}、\tan 2\theta = \frac{\ell - \sigma_y}{\ell - \sigma_z}$$

主応力度 $\sigma_1 = \ell + R$，$\sigma_2 = \ell - R$

最大せん断応力度 $\tau_{max} = \tau_1 = R$

以上より，モールの応力円は描ける．

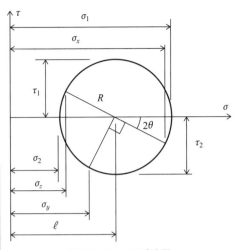

図 6.24　モールの応力円
（3方向の垂直応力度がわかっている場合）

【例題 6.5】図 6.25 のように単純梁のスパン中央に集中荷重 $P = 1000$ [kN] が作用している．この際，C 位置の断面（$b \times D = 400 \times 700$）の上から，0，175，350，525，700 mm のモールの応力円を描きなさい．ただし，断面鉛直方向には垂直応力度は生じていないものとする．

〈解答〉反力は，$R_A = R_B = 500$ [kN]

C 断面位置のモーメント，せん断力は，

$M_C = 500 \times 4500 - 1000 \times 1500 = 750$ [kNm]，$Q_C = -500$ [kN]

断面の中立軸位置 n–n を原点，圧縮側を負，引張側を正とする．

断面2次モーメント $I_n = \dfrac{bD^3}{12} = 1.143 \times 10^{10}$ [mm^4]

(a) 圧縮縁（$y = -350$ [mm]）

断面1次モーメント $S_y = b\int_{-350}^{-350} y\,dy = 0.0$ [mm^3]

x 方向応力度 $\sigma_x = \dfrac{M_C}{I_n} y = -23.0$ [N/mm^2]

y 方向応力度 $\sigma_y = 0.0$ [N/mm^2]

鉛直方向せん断応力度 $\tau_{xy} = \dfrac{S_y Q_C}{bI_n} = 0.0$ [N/mm^2] $= -\tau_{yx}$

よって，モールの応力円は，

円の中心までの距離 $\ell = \dfrac{\sigma_x + \sigma_y}{2} = -11.5$

円の半径 $R = \sqrt{(\ell - \sigma_y)^2 + \tau_{xy}^2} = 11.5$

σ_1 と σ_x の間の角度 $\tan 2\theta = -\dfrac{2\tau_{xy}}{\sigma_x - \sigma_y} = 0 \to \theta = 0°$ or $90°$

主応力度

$\sigma_1 = \ell + R = 0.0$ [N/mm^2]，$\sigma_2 = \ell - R = -23.0$ [N/mm^2]

以上で，モールの応力円を描くと，図 6.26 となる．

(b) 圧縮縁と中立軸 n–n の中央（$y = -175$ [mm]）

断面1次モーメント $S_y = b\int_{-175}^{-350} y\,dy = 1.838 \times 10^7$ [mm^3]

x 方向応力度 $\sigma_x = \dfrac{M_C}{I_n} y = -11.48$ [N/mm^2]

y 方向応力度 $\sigma_y = 0.0$ [N/mm^2]

鉛直方向せん断応力度 $\tau_{xy} = \dfrac{S_y Q_C}{bI_n} = -2.01$ [N/mm^2] $= -\tau_{yx}$

よって，モールの応力円は，

円の中心までの距離 $\ell = \dfrac{\sigma_x + \sigma_y}{2} = -5.74$

円の半径 $R = \sqrt{(\ell - \sigma_y)^2 + \tau_{xy}^2} = 6.08$

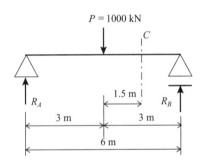

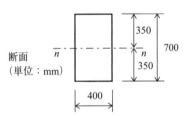

図 6.25　例題 6.5：スパン中央に荷重のある梁

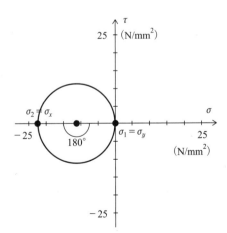

図 6.26　モールの応力円（$y = -350$）

σ_1 と σ_x の間の角度 $\tan 2\theta = -\dfrac{2\tau_{xy}}{\sigma_x - \sigma_y} = -0.35$

$\rightarrow \theta = -9.65°\ or\ 80.4°$

主応力度

$\sigma_1 = \ell + R = 0.34\ [\mathrm{N/mm^2}]$, $\sigma_2 = \ell + R = -11.82\ [\mathrm{N/mm^2}]$

以上で，モールの応力円を描くと，図 6.27 となる．

(c) 中立軸位置 n–n （$y=0$ [mm]）

断面 1 次モーメント $S_y = b\displaystyle\int_0^{-350} y\,dy = 2.45\times 10^7\ [\mathrm{mm^3}]$

x 方向応力度 $\sigma_x = \dfrac{M_C}{I_n}y = 0.0\ [\mathrm{N/mm^2}]$

y 方向応力度 $\sigma_y = 0.0\ [\mathrm{N/mm^2}]$

鉛直方向せん断応力度 $\tau_{xy} = \dfrac{S_y Q_C}{bI_n} = -2.68\ [\mathrm{N/mm^2}] = -\tau_{yx}$

よって，モールの応力円は，

円の中心までの距離 $\ell = \dfrac{\sigma_x + \sigma_y}{2} = 0.0$

円の半径 $R = \sqrt{(\ell - \sigma_y)^2 + \tau_{xy}^2} = 2.68$

σ_1 と σ_x の間の角度 $\tan 2\theta = -\dfrac{2\tau_{xy}}{\sigma_x - \sigma_y} = -\infty$

$\rightarrow \theta = -45.0°\ or\ 45.0°$

主応力度

$\sigma_1 = \ell + R = 2.68\ [\mathrm{N/mm^2}]$, $\sigma_2 = \ell - R = -2.68\ [\mathrm{N/mm^2}]$

以上で，モールの応力円を描くと，図 6.28 となる．

(d) 引張縁と中立軸 n–n の中央 （$y=175$ [mm]）

断面 1 次モーメント $S_y = b\displaystyle\int_{175}^{-350} y\,dy = 1.838\times 10^7\ [\mathrm{mm^3}]$

x 方向応力度 $\sigma_x = \dfrac{M_C}{I_n}y = 11.48\ [\mathrm{N/mm^2}]$

y 方向応力度 $\sigma_y = 0.0\ [\mathrm{N/mm^2}]$

鉛直方向せん断応力度 $\tau_{xy} = \dfrac{S_y Q_C}{bI_n} = -2.01\ [\mathrm{N/mm^2}] = -\tau_{yx}$

よって，モールの応力円は，

円の中心までの距離 $\ell = \dfrac{\sigma_x + \sigma_y}{2} = 5.74$

円の半径 $R = \sqrt{(\ell - \sigma_y)^2 + \tau_{xy}^2} = 6.08$

σ_1 と σ_x の間の角度 $\tan 2\theta = -\dfrac{2\tau_{xy}}{\sigma_x - \sigma_y} = 0.35$

$\rightarrow \theta = 9.65°\ or\ 99.7°$

主応力度

$\sigma_1 = \ell + R = 11.82\ [\mathrm{N/mm^2}]$, $\sigma_2 = \ell - R = -0.34\ [\mathrm{N/mm^2}]$

以上で，モールの応力円を描くと，図 6.29 となる．

(e) 引張縁 （$y=350$ [mm]）

断面 1 次モーメント $S_y = b\displaystyle\int_{350}^{-350} y\,dy = 0.0\ [\mathrm{mm^3}]$

x 方向応力度 $\sigma_x = \dfrac{M_C}{I_n}y = 23.0\ [\mathrm{N/mm^2}]$

y 方向応力度 $\sigma_y = 0.0\ [\mathrm{N/mm^2}]$

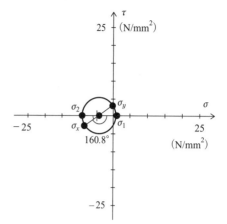

図 6.27　モールの応力円 （$y=-175$）

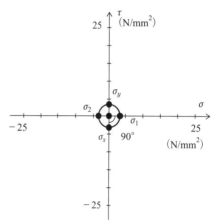

図 6.28　モールの応力円 （$y=0$）

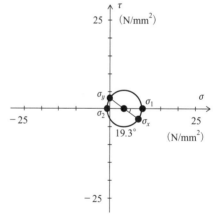

図 6.29　モールの応力円 （$y=175$）

鉛直方向せん断応力度 $\tau_{xy} = \dfrac{S_y Q_C}{b I_n} y = 0.0 \,[\text{N}/\text{mm}^2] = -\tau_{yx}$

よって，モールの応力円は，

円の中心までの距離 $\ell = \dfrac{\sigma_x + \sigma_y}{2} = 11.5$

円の半径 $R = \sqrt{(\ell - \sigma_y)^2 + \tau_{xy}^2} = 11.5$

σ_1 と σ_x の間の角度 $\tan 2\theta = -\dfrac{2\tau_{xy}}{\sigma_x - \sigma_y} = 0 \to \theta = 0° \,or\, 90°$

主応力度
$$\sigma_1 = \ell + R = 23.0 \,[\text{N}/\text{mm}^2], \quad \sigma_2 = \ell - R = 0.0 \,[\text{N}/\text{mm}^2]$$

以上で，モールの応力円を描くと，図 6.30 となる．

これを他の断面でも求め，最大主応力度，最小主応力度それぞれの面を線で結ぶと，単純梁が集中荷重を受けた場合の主応力面の変化を表すことができる．これを**主応力線**といい，図 6.31 のように表される．同図では，実線が最大，破線が最小主応力面を表している．

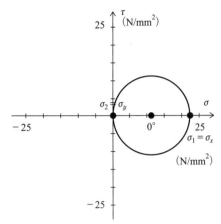

図 6.30 モールの応力円 ($y=350$)

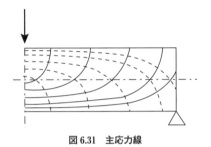

図 6.31 主応力線

第7章 ひずみ度と変形

7.1 軸方向ひずみ度と軸方向変形

7.1.1 軸方向ひずみ度と軸方向変形

図7.1のように，微小領域に**垂直応力度** σ が生じると，その領域の長さは変化する．これは，**ひずみ度** ε が生じるためである．第5章で説明したように，応力度 σ とひずみ度 ε は，その物体が**弾性**の場合，その物体の**ヤング係数** E を介して比例関係にある．これを**フックの法則**といい，式で表せば，式（7.1）となる．

$$\sigma = E\varepsilon \tag{7.1}$$

今，図7.2のように断面積（A）も物性（ヤング係数 E）も均一な棒（長さ ℓ）を P という力で引張った場合，引張応力 N が生じ，断面には引張垂直応力度 σ が生じる．つまり，

$$\sigma = \frac{N}{A} \tag{7.2}$$

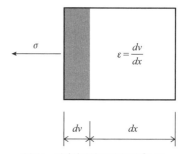

図7.1 垂直応力度と垂直ひずみ度

この時の棒の伸び量を δ とすると，軸方向ひずみ度 ε は，

$$\varepsilon = \frac{\delta}{\ell} \tag{7.3}$$

式（7.2）と式（7.3）を式（7.1）に代入すると，

$$\frac{N}{A} = E\frac{\delta}{\ell} \tag{7.4}$$

となり，軸方向変形量 δ は，式（7.5）で求められる．

$$\delta = \frac{N\ell}{EA} \tag{7.5}$$

式（7.5）は，応力 N と軸方向変形量 δ が，ℓ/EA を介して比例関係にあることがわかる．この逆数 EA/ℓ を**軸方向剛性**という．この棒をバネと見做し，**バネ剛性**と呼ぶこともある．

部材長が ℓ で，材軸方向でヤング係数や断面積が異なる場合，図7.3のように部材端部から x の位置のヤング係数を E_x，断面積を A_x とすると，その時の軸方向の変形量は，式（7.6）で求められる．

$$\delta = \int_0^\ell \frac{N}{E_x A_x} dx \tag{7.6}$$

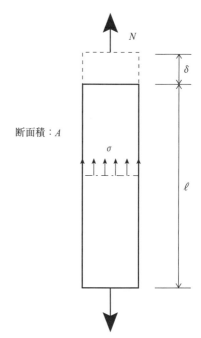

図7.2 軸方向力と軸方向変形

式（7.6）は，部材の特性が変わっても，それらが軸方向に1本の棒を形成している場合は，軸方向力はどこでも同じで，部位によって，それぞれの変形量が異なり，それらを集計したものが，棒の軸方向変形量となることを示している．これは，部位によってバネ剛

性が異なるバネで構成された部材とみなせ，この全体の剛性を**直列バネ剛性**という．図7.4のように，ヤング係数と断面積が異なる2つの部位で構成されている場合を考えよう．2つの部位の長さ，断面積，ヤング係数をそれぞれ，ℓ_1, A_1, E_1, ℓ_2, A_2, E_2とすると，軸方向力Nが生じている場合の各部位の変形量は，式 (7.5) より，

$$\delta_1 = \frac{N\ell_1}{E_1 A_1}、\quad \delta_2 = \frac{N\ell_2}{E_2 A_2}$$

全体変形量をδとすると，$\delta = \delta_1 + \delta_2$だから，

$$\delta = \frac{N\ell_1}{E_1 A_1} + \frac{N\ell_2}{E_2 A_2} = \left(\frac{\ell_1}{E_1 A_1} + \frac{\ell_2}{E_2 A_2}\right)N$$

各部位のバネ剛性をK_1, K_2とすると，

$$K_1 = \frac{E_1 A_1}{\ell_1}、\quad K_2 = \frac{E_2 A_2}{\ell_2}、\quad \delta = \left(\frac{1}{K_1} + \frac{1}{K_2}\right)N$$

となる．よって，全体の剛性をKとすると，

$$K = \frac{1}{\dfrac{1}{K_1} + \dfrac{1}{K_2}} \tag{7.7}$$

これが，バネが2本直列となった場合の直列バネ剛性である．

次に，バネが並列となる場合を考えよう．たとえば，鉄筋コンクリート造の柱では，材軸方向には主筋が配されており，材軸方向はコンクリートと主筋の2つの部材で構成されている．この部材に軸方向力Nが生じた場合，2つの部材は同じように変形するので，2つの部材の軸方向変形量δは同じである．

今，図7.5のように，2つの部材の長さは同じでℓ，断面積，ヤング係数がそれぞれA_1, E_1, A_2, E_2とし，軸方向力Nが生じた場合の2つの部材の軸方向変形量をδとすると，この軸方向力は，2つの部材で分担され，$N = N_1 + N_2$となり，

$$\delta = \frac{N_1 \ell}{E_1 A_1}、\quad \delta = \frac{N_2 \ell}{E_2 A_2} \text{ であるから，}$$

$$N = \frac{\delta E_1 A_1}{\ell} + \frac{\delta E_2 A_2}{\ell} = \left(\frac{E_1 A_1}{\ell} + \frac{E_2 A_2}{\ell}\right)\delta = (K_1 + K_2)\delta$$

よって，全体のバネ剛性をKとすると，

$$K = K_1 + K_2 \tag{7.8}$$

これが，バネが2本並列となった場合の**並列バネ剛性**である．

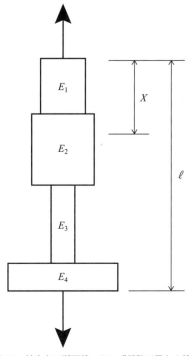

図7.3 軸方向で断面積，ヤング係数が異なる部材

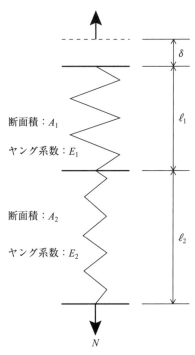

図7.4 直列バネ

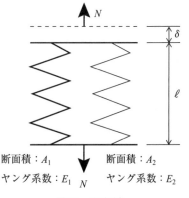

図7.5 並列バネ

7.1.2 ポアソン比

物体は，引張れば細くなり，圧縮すれば太くなる．この時の材軸方向ひずみ度とその直交方向ひずみ度の関係を表す係数がポアソン比である．

たとえば，圧縮の場合，図7.6では，材軸方向（鉛直方向）のひずみ度 ε_v は，

$$\varepsilon_v = \frac{\delta_v}{\ell} \tag{7.9}$$

材軸直交方向（水平方向）のひずみ度 ε_h は，

$$\varepsilon_h = \frac{\delta_h}{D} \tag{7.10}$$

よって，ポアソン比 ν は，

$$\nu = \frac{\varepsilon_h}{\varepsilon_v} \tag{7.11}$$

ポアソン比は，材料強度に応じて若干変動するが，おおよそコンクリートは1/6，鋼材は1/3である．ただし，これらは弾性時の値であり，塑性領域ではこれよりも大きくなることがわかっている．

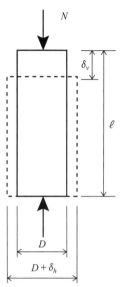

図7.6 材軸方向とその直交方向のひずみ度

【例題 7.1】 図7.7 のような鉄筋コンクリート造柱がある．これに圧縮軸方向力：$N = 1000$ kN が生じている時の，軸方向変形量 δ を求めなさい．

〈解答〉全主筋断面積 $a_g = 12a_t = 12 \times 387 = 4644$ [mm²]

コンクリート断面積
$$a_c = A - a_g = 500 \times 500 - 4644 = 245356 \text{ [mm}^2\text{]}$$

主筋軸方向剛性
$$K_s = \frac{E_s a_g}{\ell} = \frac{2.05 \times 10^5 \times 4776}{2000} = 4.76 \times 10^5 [N/mm]$$

コンクリート軸方向剛性
$$K_c = \frac{E_c a_c}{\ell} = \frac{2.45 \times 10^4 \times 245224}{2000} = 3.00 \times 10^6 [N/mm]$$

よって，軸方向変形量（縮み量）は，
$$\delta = \frac{N}{K_s + K_c} = \frac{1000 \times 10^3}{3.48 \times 10^6} = 0.287 \text{[mm]}$$

コンクリートの負担軸力は，
$$N_c = \frac{\delta E_c a_c}{\ell} = \frac{0.287 \times 2.45 \times 10^4 \times 245356}{2000} = 862 [kN]$$

主筋の負担軸力は，$N_s = N - N_c = 1000 - 862 = 138$ [kN]

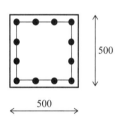

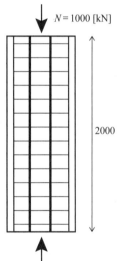

主筋：12 - D22（断面積：$a_t = 387$ [mm²]）
　ヤング係数：$E_s = 2.05 \times 10^5$ [N/mm²]
コンクリート：Fc24
　ヤング係数：$E_c = 2.45 \times 10^4$ [N/mm²]

図7.7　例題7.1：鉄筋コンクリート造柱

7.2 曲げひずみ度と曲率

曲げモーメントが部材に生じると，部材はたわむ．このたわみ量を曲げ変形という．この曲げ変形は，ここに示す**曲率**を2階積分することによって算定される．この算定方法は，次章に示している．ここでは，曲率について詳説する．

図7.8のように曲げモーメントMが生じている梁を考える（微小幅dxでは，曲げモーメントはMで一定）．梁は，曲げモーメントにより，曲げ応力度が生じ（下端引張），たわんでいる（断面には，曲率ϕが生じている．図では，応力度分布を描いているため，この断面の角度はϕE，Eはヤング係数）．この時，微小幅dx部分の四角形ABCDがABC′D′に変形している．また，この四角形ABC′D′のC′D′とABの線を上側に伸ばすと，その交点が求まる．つまり，この微小幅部分は，この交点を中心とする円（中立軸位置n-nまでの半径ρ）の一部と言える．この交点部分の角度を$d\theta$とすると，中立軸からyの位置では，$yd\theta$だけ伸びている．

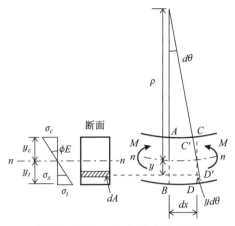

図7.8 曲げモーメントが生じている梁

この図において，$\tan d\theta = \dfrac{dx}{\rho}$であり，これは微小領域問題なので，

$$d\theta = \frac{dx}{\rho} \tag{7.12}$$

回転角$d\theta$は，dx部分の曲率の合計である．今，dx部分は曲げモーメントが一定であるから，この部分の断面の曲率はϕで一定である．つまり，回転角と曲率の関係は，

$$d\theta = \phi dx \tag{7.13}$$

式（7.12）より，

$$\phi = \frac{d\theta}{dx} = \frac{1}{\rho} \tag{7.14}$$

よって，ρを**曲率半径**と呼ぶ．

中立軸n-nからyの位置では，元の長さdxが$yd\theta$だけ伸びている．つまり，この位置のひずみ度ε_xは，

$$\varepsilon_x = \frac{yd\theta}{dx} = \frac{y}{\rho} \tag{7.15}$$

この位置の応力度σ_xは，フックの法則より，

$$\sigma_x = E\varepsilon_x = \frac{Ey}{\rho} \tag{7.16}$$

y位置の微小面積をdAとすると，この位置の断面力は，$\sigma_x dA$となり，すべての断面力による内部曲げモーメントMは，

$$M = \int_A \sigma_x dAy = \int_A \frac{Ey}{\rho}dAy = \frac{E}{\rho}\int_A y^2 dA \tag{7.17}$$

ここで，$\int_A y^2 dA = I_n$（断面2次モーメント）であるから，曲率：ϕは，

$$\phi = \frac{1}{\rho} = -\frac{M}{EI_n} \tag{7.18}$$

曲率方向と曲げモーメント方向が逆になることから，負号を付している．

曲げ応力度σ_xは，式（7.18）の負号を外して，

$$\sigma_x = \frac{Ey}{\rho} = \frac{M}{I_n}y \tag{7.19}$$

yが断面縁までの距離y_tまたはy_cの場合は，第6章で示した通り，

$$Z_t = \frac{I}{y_t} \quad (6.11)$$

$$Z_c = \frac{I}{y_c} \quad (6.12)$$

となり，これで曲げモーメントを除すことにより，断面縁の応力度は求められる．

7.3 せん断ひずみ度とせん断変形

7.3.1 せん断ひずみ度

図7.9のように，微小領域がせん断応力度によって変形が生じた場合，その変形角を**せん断ひずみ度** γ という．

$$\gamma = \frac{du}{dy} \quad (7.20)$$

せん断応力度 τ とせん断ひずみ度 γ は，**せん断弾性係数** G を介して比例関係にある．

$$\tau = G\gamma \quad (7.21)$$

$$G = \frac{E}{2(1+\nu)} \quad (7.22)$$

式 (7.22) の E はヤング係数，ν はポアソン比である．

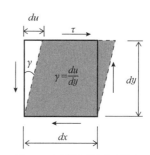

図7.9 せん断ひずみ度の概念

ここで，式 (7.22) を誘導する．図7.10のように，微小領域の水平方向に引張応力度 $\sigma_x = \sigma$，鉛直方向に圧縮応力度 $\sigma_y = -\sigma$ が生じている場合を考える．

y 方向では，圧縮応力度 σ_y によるひずみ度 ε_{y1} は，ヤング係数を E とすると，

$$\varepsilon_{y1} = \frac{\sigma_y}{E}$$

x 方向の引張応力度 σ_x による y 方向のひずみ度 ε_{y2} は，ポアソン比を ν とすると，

$$\varepsilon_{y2} = -\nu \frac{\sigma_x}{E}$$

よって，y 方向のひずみ度 ε_y は，

$$\varepsilon_y = \varepsilon_{y1} + \varepsilon_{y2} = \frac{\sigma_y}{E} - \nu\frac{\sigma_x}{E} = (\sigma_y - \nu\sigma_x)\frac{1}{E} = -(1+\nu)\frac{\sigma}{E}$$

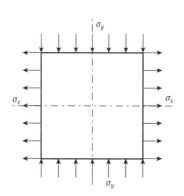

図7.10 σ_x と σ_y の生じている微小領域

今，xy 軸と $\pi/4$ をなす微小正方形 $abcd$ を考える．この正方形側面には，せん断応力度 τ が生じている．正方形 $abcd$ は，このせん断応力度により，ひし形 $a'b'c'd'$ に変形する．この時の左上部分の三角形を拡大して図7.12に示す．変形前の三角形の水平と鉛直方向の辺の長さを s とする．今，鉛直方向の縮み量を α とし，bf の長さを微小領域問題であることから，$\alpha/\sqrt{2}$ とすれば，せん断ひずみ度 γ は，

$$\tan\left(\frac{\gamma}{2}\right) \approx \frac{\gamma}{2} = \frac{\alpha/\sqrt{2}}{\sqrt{2}\,s/2} = \frac{\alpha}{s} = -\varepsilon_y = (1+\nu)\frac{\sigma}{E}$$

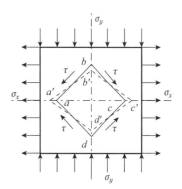

図7.11 微小領域の内部

また，$\tau_\theta = \{(\sigma_x - \sigma_y)\sin 2\theta\}/2 = \sigma \sin 2\theta$ で，$\theta = \pi/4$ であるから，$\tau = \sigma$ となる．

よって，$\dfrac{\gamma}{2} = (1+\nu)\dfrac{\tau}{E}$ となり，式 (7.21) より，

$$G = \dfrac{\tau}{\gamma} = \dfrac{E}{2(1+\nu)}$$

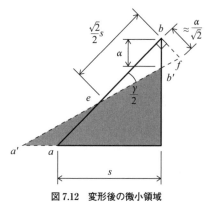

図 7.12 変形後の微小領域

7.3.2 せん断変形

次に，**せん断変形** δ_s について詳説する．図 7.13 において，式 (7.21) より，

$$du = \gamma dy = \dfrac{\tau}{G} dy \tag{7.23}$$

この微小領域の仕事量 dW_i は，

$$dW_i = \dfrac{1}{2}\tau b \cdot dx \cdot \dfrac{\tau}{G} dy = \dfrac{1}{2}\dfrac{\tau^2}{G} dA \cdot dy \tag{7.24}$$

よって，断面全体の仕事量 W_i は，

$$W_i = \dfrac{1}{2G} dy \int_A \tau^2 dA \tag{7.25}$$

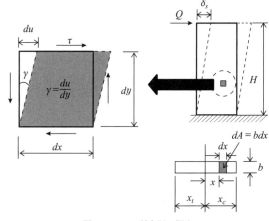

図 7.13 せん断変形の概念

今，断面の $x - x_c$ 間の中立軸 $n-n$ に関する断面 1 次モーメントを S_n，断面 2 次モーメントを I_n とすれば，$\tau = \dfrac{S_n Q}{b I_n}$ だから，

$$W_i = \dfrac{Q^2}{2G} dy \int_A \dfrac{S_n^2}{b^2 I_n^2} dA = \dfrac{Q^2}{2G} dy \int_{-x_t}^{x_c} \dfrac{S_n^2}{b I_n^2} dx \tag{7.26}$$

ここで，$\displaystyle\int_{-x_t}^{x_c} \dfrac{S_n^2}{b I_n^2} dx$ は，断面形状によって定まる値であるから，

$$\int_{-x_t}^{x_c} \dfrac{S_n^2}{b I_n^2} dx = \dfrac{\kappa_e}{A} \tag{7.27}$$

とおく．式 (7.27) の κ_e は**エネルギー法によるせん断に対する形状係数**，A は断面積である．よって，

$$W_i = \kappa_e \dfrac{Q^2}{2GA} dy \tag{7.28}$$

部材全高に対して，なされる**内力仕事量** W_I は，

$$W_I = \int_H \kappa_e \dfrac{Q^2}{2GA} dy \tag{7.29}$$

全高にわたって，断面形状が同じであれば，

$$W_I = \kappa_e \dfrac{HQ^2}{2GA} \tag{7.30}$$

一方，**外力仕事量** W_O は，

$$W_O = \dfrac{Q \delta_s}{2} \tag{7.31}$$

内力仕事量＝外力仕事量であるから，

$$W_I = \kappa_e \frac{HQ^2}{2GA} = W_O = \frac{Q\delta_s}{2} \qquad (7.32)$$

よって，部材のせん断変形 δ_s は，

$$\delta_s = \frac{\kappa_e HQ}{GA} \qquad (7.33)$$

【例題7.2】図7.14に示す長方形断面梁のエネルギー法によるせん断に対する形状係数 κ_e を求めなさい．

〈解答〉 中立軸に関する $x-d/2$ 間の断面1次モーメント S_n は，

$$S_n = b\left(\frac{d}{2}-x\right)\frac{\left(\frac{d}{2}+x\right)}{2} = \frac{b}{2}\left(\frac{d^2}{4}-x^2\right)$$

断面2次モーメント I_n は，

$$I_n = \frac{bd^3}{12}$$

よって，

$$\kappa_e = A\int_{-x_t}^{x_c}\frac{S_n^2}{bI_n^2}dx = bd\int_{-\frac{d}{2}}^{\frac{d}{2}}\frac{S_n^2}{bI_n^2}dx = 1.2$$

長方形断面の**応力度法によるせん断に対する形状係数**は $\kappa_s = 1.5$ であったが，エネルギー法では $\kappa_e = 1.2$ となる．応力度法による κ_s は力，エネルギー法による κ_e は変形を求める時に用いる．

たとえば，図7.14の矩形断面梁において，$b = 400$ [mm], $d = 700$ [mm], せん断スパン長を $H = 3000$ [mm], コンクリートを Fc24（圧縮強度 $\sigma_B = 24$ [N/mm^2], ヤング係数 $E_c = 2.45\times 10^4$ [N/mm^2]）とした場合，コンクリートの引張強度を，$\sigma_t = 0.33\sqrt{\sigma_B} = 1.617[N/\text{mm}^2]$ とすると，
部材にせん断ひび割れが生じる時のせん断力 Q_{cr} は，

$$Q_{cr} = \frac{1}{\kappa_s}\tau_{cr}bd = \frac{1}{\kappa_s}\sigma_t bd = \frac{1}{1.5}\times 1.617\times 400\times 700 = 302[\text{kN}]$$

せん断弾性係数 G は，

$$G = \frac{E}{2(1+\nu)} = \frac{2.45\times 10^4}{2\left(1+\frac{1}{6}\right)} = 10500[N/\text{mm}^2]$$

この時のせん断変形 δ_s は，

$$\delta_s = \frac{\kappa_e HQ}{GA} = \frac{1.2\times 3000\times 302\times 10^3}{10500\times 400\times 700} = 0.37[\text{mm}]$$

となる．

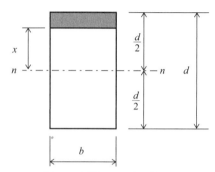

図7.14 例題6.1：長方形断面梁

第8章 静定梁の変形（曲げモーメントによる変形）

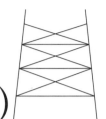

ここでは，真直ぐな梁（直線部材）の変形を求める方法について示していく．静定梁の変形を求める方法は幾つかあるが，ここでは代表的な，微分方程式による解法とモールの定理による解法を解説する．

8.1 微分方程式による解法

8.1.1 たわみ曲線の微分方程式

図8.1に示すように，梁に荷重が作用すると，梁の材軸（図心を通る線）は変形する（曲げられる）．この時，材軸と直交方向の変位をたわみと呼び，各点のたわみを結んだ曲線をたわみ曲線と呼ぶ．

たわみ曲線の任意点の接線と変形前の材軸方向との角度をその点のたわみ角と呼ぶ．

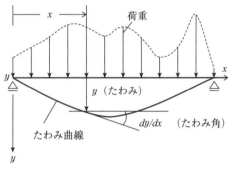

図8.1 たわみ曲線

8.1.2 曲率

図8.2は，曲げモーメント M_x を受ける梁の材軸方向の微小長さ Δx 区間の変形を示す．この図において，Δx の区間で生じる材軸方向の変形（伸び量）Δu は，中立軸より距離 y の位置では次式となる．

$$\Delta u = y \cdot (\tan \Delta \theta_L + \tan \Delta \theta_R) \tag{8.1}$$

変形が微小であるので，

$$\tan \Delta \theta_L \approx \Delta \theta_L, \quad \tan \Delta \theta_R \approx \Delta \theta_R \tag{8.2}$$

となり，式(8.1)は次式となる．

$$\Delta u = y \cdot (\Delta \theta_L + \Delta \theta_R) = y \cdot \Delta \theta \tag{8.3}$$

高さ y レベルのひずみ度を $\varepsilon(y)$ とすれば，ひずみ度の定義より

$$\varepsilon(y) = \lim_{\Delta x \to 0}\left(\frac{\Delta u}{\Delta x}\right) = \lim_{\Delta x \to 0}\left(\frac{\Delta \theta}{\Delta x}y\right) = \frac{d\theta}{dx}y \tag{8.4}$$

曲げモーメント M_x と曲げ応力度 $\sigma(y)$ との関係は

$$\sigma(y) = \frac{M_x}{I}y \tag{8.5}$$

I：断面2次モーメント

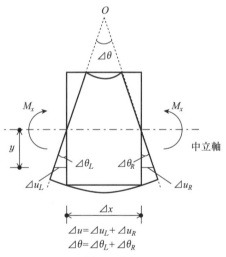

図8.2 曲率

ここで，ひずみ度 $\varepsilon(y)$，応力度 $\sigma(y)$ とヤング係数 E の関係式より，

$$\varepsilon(y) = \frac{\sigma(y)}{E} = \frac{M_x}{EI}y \tag{8.6}$$

となる．

式(8.4)と式(8.6)より，次式の関係が求まる．

$$\frac{d\theta}{dx} = \frac{M_x}{EI} \quad (8.7)$$

ここで，(8.7) 式を次式とする．

$$\frac{d\theta}{dx} = \frac{M_x}{EI} = \frac{1}{\rho} = \phi \quad (8.8)$$

式 (8.8) で定義される $1/\rho$ を**曲率**（ϕ）といい，曲率の逆数 ρ を**曲率半径**とよぶ．

曲率に関しては次のことがいえる．

- 曲線の個々の位置における曲がり具合を表す量である．
- 円弧は曲率が一定の曲線であり，その半径が曲率半径である．
- 半径の小さい円弧ほど曲がり具合は大きい．すなわち，曲率は大きい．
- 直線は半径が無限大の円弧と考えられ，その曲率は 0 である．

式 (8.8) は，梁の曲率が曲げモーメント M_x に比例し，ヤング係数 E と中立軸に関する断面 2 次モーメント I との積 EI に反比例することを示している．すなわち，EI は曲げモーメントによる変形（曲げ変形）のしにくさを表すことから**曲げ剛性**と呼ばれる．

式 (8.6) と式 (8.8) より，

$$\varepsilon(y) = \frac{1}{\rho} \cdot y \quad (8.9)$$

となる．図 8.3 は，式 (8.9) より，梁断面のせい方向のひずみ度分布を示す．このひずみ度分布の勾配が曲率に相当する．

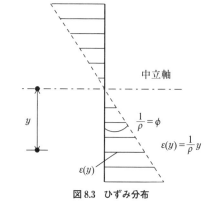

図 8.3 ひずみ分布

8.1.3 弾性曲線式

図 8.4 に示す曲線は，直線状の梁が曲げ変形した状態を示す．曲線上の点と変形前の材軸（x 軸）との距離をたわみといい，下向きのたわみを正（＋）とする．この変形曲線を**弾性曲線**あるいは**たわみ曲線**という．

弾性曲線の接線が変形前の材軸となす角 θ をたわみ角あるいは回転角という．たわみ角 θ は，通常，$90°$ 以内の角度で表され，材軸から時計まわりに得られるとき正（＋），反時計まわりに得られるとき

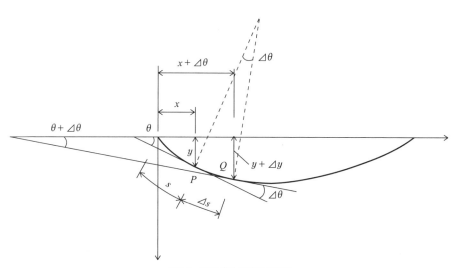

図 8.4 梁の弾性曲線と座標系

負（−）とする．

梁の変形を微小変形とすると，次式の関係が成立つ．

$$\theta \approx \tan\theta = \frac{dy}{dx} \tag{8.10}$$

図 8.4 の弾性曲線において，

$$\frac{dy}{dx} = \tan\theta \quad \rightarrow$$
$$\therefore \frac{d^2y}{dx^2} = \frac{d(\tan\theta)}{dx} = \frac{d(\tan\theta)}{d\theta} \cdot \frac{d\theta}{dx} = \frac{1}{\cos^2\theta} \cdot \frac{d\theta}{dx} \tag{8.11}$$

したがって，

$$\frac{d\theta}{dx} = (\cos^2\theta) \cdot \frac{d^2y}{dx^2} \tag{8.12}$$

元の長さが Δx の梁の微小部分が変形して湾曲したとき，この Δx の長さが Δs になったとすると，

$$\frac{\Delta x}{\Delta s} = \cos\theta \tag{8.13}$$

$$\therefore \lim_{\Delta s \to 0}\frac{\Delta x}{\Delta s} = \frac{dx}{ds} = \cos\theta \tag{8.14}$$

式（8.12）と式（8.14）より，

$$\frac{d\theta}{ds} = \frac{d\theta}{dx} \cdot \frac{dx}{ds} = (\cos^3\theta) \cdot \frac{d^2y}{dx^2} \tag{8.15}$$

ここで，変形が微小であれば，$\cos\theta \approx 1$ とみなせるので，

$$\frac{d\theta}{ds} = \frac{d^2y}{dx^2} \tag{8.16}$$

さらに，微小変形の場合には $ds \approx dx$ とみなせることから，この式の $d\theta/ds$ が式（8.8）の $d\theta/dx$ に対応する．すなわち，

$$\frac{d\theta}{ds} = \frac{d^2y}{dx^2} = \frac{M_x}{EI} \tag{8.17}$$

図 8.4 のように下側に反る湾曲は，直線状の梁に正（＋）の曲げモーメントを作用させることによって生じるが，この時には同図の座標系では $d\theta/ds$ は負（−）となる（図 8.5 参照）．

このことから，式（8.17）の符号を調整すると次式が求まる．

$$\frac{d\theta}{ds} = \frac{d^2y}{dx^2} = -\frac{M_x}{EI} \tag{8.18}$$

式（8.18）は梁が弾性であることを仮定して導いたものであり，その変形を求める上で基本となる微分方程式であり，**弾性曲線式**と呼ばれる．

〈注〉M_x が正（＋）のとき，d^2y/dx^2 が負（−）となる．

このために，符号を合わせる必要があり，式（8.17）の右辺にマイナス記号を付け，

$$\frac{d^2y}{dx^2} = -\frac{M_x}{EI}$$

としている．ただし，座標系を図 8.5 としたとき，M_x は下端（したば）引張の曲げモーメントを正（＋）としている．

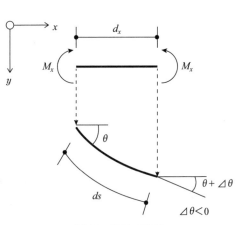

図 8.5　$d\theta/ds$ の符号

8.1.4 たわみの微分方程式（弾性曲線式）の一般解

たわみの微分方程式の一般解は，次式となる．

$$\frac{d^2y}{dx^2} = -\frac{M_x}{EI} \qquad (8.19)$$

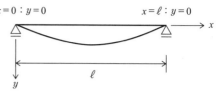

図8.6 単純梁の境界条件

式（8.19）を積分すると，たわみ角 θ は次式のように求まる．

$$\int \frac{d^2y}{dx^2}dx = \frac{dy}{dx} = \theta = -\int \frac{M_x}{EI}dx + C_1 \qquad (8.20)$$

再度，積分すると，たわみ y は次式のように求まる．

$$y = \int \frac{dy}{dx}dx = -\iint \frac{M_x}{EI}dxdx + C_1x + C_2 \qquad (8.21)$$

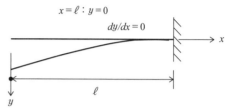

図8.7 片持ち梁の境界条件

ここで，C_1 と C_2 は積分定数であり，梁端部の変位（たわみ）と回転角（たわみ角）の境界条件より定まる．

(a) 単純梁の境界条件（図8.6）

ピン支点とローラー支点においては，たわみ y が生じないので，

$$x = 0 : \quad y = 0$$
$$x = \ell : \quad y = 0$$

となる．

(b) 片持ち梁の境界条件（図8.7）

固定端においては，たわみ y とたわみ角 dy/dx が生じないので，

$$x = \ell : \quad y = 0, \; \frac{dy}{dx} = 0$$

となる．

8.1.5 たわみ y とたわみ角 θ の符号（図8.8）

たわみ y は下向きを正，上向きを負とする．

たわみ角 $\theta = dy/dx$ は，時計まわりを正（＋）とし，反時計まわりを負（－）とする．

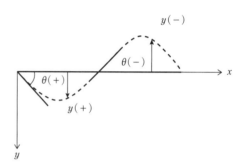

図8.8 たわみとたわみ角の符号

8.2 モールの定理

モールの定理は，断面力と変形量の類似性を利用して，曲げモーメントを仮想荷重として解く方法である．

梁の任意点におけるたわみ y，たわみ角 $\theta(=dy/dx)$ および曲げモーメント M_x の関係は式（8.22）となる．

$$\frac{d^2y}{dx^2} = \frac{d}{dx}\left(\frac{dy}{dx}\right) = \frac{d\theta}{dx} = -\frac{M_x}{EI} \qquad (8.22)$$

図8.9 に示す梁の微小要素 dx の力のつり合いを考える．

$$\Sigma Y = (Q_x + dQ_x) - Q_x + wdx = 0$$
$$= dQ_x + wdx = \frac{dQ_x}{dx}dx + wdx = 0$$
$$\therefore \frac{dQ_x}{dx} = -w \qquad (8.23)$$

で表される．

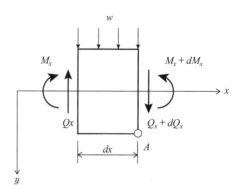

図8.9 微小要素の釣り合い

$$\Sigma M_A = -(M_x + dM_x) + M_x + Q_x dx - (wdx)\frac{dx}{2} = -dM_x + Q_x dx - \frac{w}{2}(dx)^2$$

$$= -\frac{dM_x}{dx}dx + Q_x dx - \frac{w}{2}(dx)^2 = 0$$

$$\therefore \frac{dM_x}{dx} = Q_x - \frac{w}{2}dx \approx Q_x \tag{8.24}$$

したがって,

$$\frac{d^2 M_x}{dx^2} = \frac{d}{dx}\left(\frac{dM_x}{dx}\right) = \frac{dQ_x}{dx} = -w \tag{8.25}$$

となる.

式 (8.22) と式 (8.25) を比較すると次のことがわかる.

y と M_x, θ と Q_x, M_x/EI と w が対応している. すなわち, M_x/EI を**仮想荷重**（**弾性荷重**とも呼ぶ）と考えて, せん断力 Q_x と曲げモーメント M_x を求めれば, これらはそれぞれ, たわみ角 θ とたわみ y を求めたことになる.

しかしながら, 変位の境界条件と力の境界条件とは必ずしも一致しないので, 応力 (M_x, Q_x) を求める方法でたわみ角やたわみを求めるためには, 力の境界条件が変位の境界条件に一致するように境界条件を変更した梁（共役梁と呼ぶ）に仮想荷重を作用させて計算しなければならない.

図 8.10 (a) に示す単純梁においては, 変位の境界条件は $x=0$ で $y=0$, $x=\ell$ で $y=0$ であり, 力の境界条件は $x=0$ で $M_x=0$, $x=\ell$ で $M_x=0$ となり, 単純梁とその共役梁（図 8.10 (b)）は一致する.

図 8.11 (a) に示す片持ち梁においては, 変位の境界条件は固定端 $x=\ell$ で $y=0$, $dy/dx=0$ となり, 力の境界条件は自由端 $x=0$ で $M_x=0$, $Q_x=0$ となり, 両者は自由端と固定端とで逆の関係になる. 片持ち梁の共役梁を図 8.11 (b) に示す.

すなわち, 共役梁として, 単純梁では元のままを用い, 片持ち梁では, 固定端と自由端を取り換えたものを用いる必要がある.

同様の考えにしたがえば, 張り出し梁やゲルバー梁の共役梁は図 8.12 のようになる.

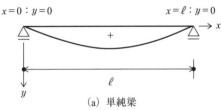
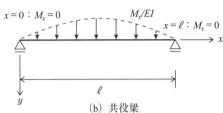

図 8.10 共役梁と仮想荷重

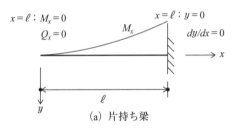
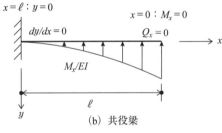

図 8.11 共役梁と仮想荷重

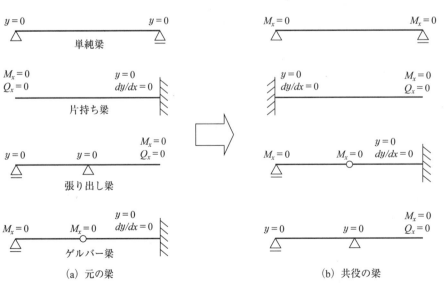

図 8.12 共役梁

曲げモーメント図を描くときには正（＋）を梁の下側に，負（−）を上側にとるが，逆に，荷重（仮想荷重，弾性荷重）は正（＋）を梁の上側に（力は下向き），負（−）を下側に（力は上向き）に描く．

単純梁と片持ち梁に関するモールの定理をまとめる（図 8.13）と，
(a) 単純梁のたわみ角 θ およびたわみ y は，同じ支持条件の梁（共役梁）に仮想荷重 M_x/EI を作用させたときのせん断力 Q_x および曲げモーメント M_x に等しい．
(b) 片持ち梁のたわみ角 θ およびたわみ y は，固定端と自由端とを取り換えた片持ち梁（共役梁）に仮想荷重 M_x/EI を作用させたときのせん断力 Q_x および曲げモーメント M_x に等しい．

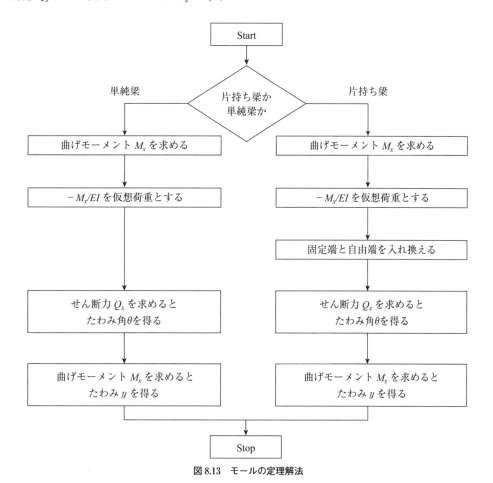

図 8.13　モールの定理解法

【例題 8.1】 図 8.14 は等分布荷重 w が作用する単純梁を示す．微分方程式を解くことにより C 点のたわみ y_C とたわみ θ_C 角を計算せよ．

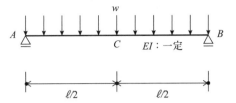

図 8.14 例題 8.1：等分布荷重が作用する単純梁

〈解答〉

x 点でのモーメントを求めると

$$M_x = \frac{w\ell}{2}x - \frac{w}{2}x^2$$

となる．

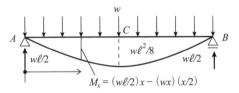

図 8.15 例題 8.1：モーメント

たわみの微分方程式は

$$\frac{d^2y}{dx^2} = -\frac{M_x}{EI} = \frac{1}{EI}\left(\frac{w}{2}x^2 - \frac{w\ell}{2}x\right)$$

$$\therefore \frac{2EI}{w}\cdot\frac{d^2y}{dx^2} = x^2 - \ell x$$

$$\frac{2EI}{w}\cdot\frac{dy}{dx} = \frac{1}{3}x^3 - \frac{\ell}{2}x^2 + C_1$$

$$\frac{2EI}{w}\cdot y = \frac{1}{12}x^4 - \frac{\ell}{6}x^3 + C_1 x + C_2$$

となる．

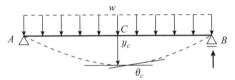

図 8.16 例題 8.1：変形

境界条件：A 支点と B 支点がそれぞれピン支点とローラー支点であることから，C_1, C_2 の値は以下となる．

$$y_A = y|_{x=0} = 0 \rightarrow C_2 = 0$$

$$y_B = y|_{x=\ell} = 0 \rightarrow \frac{1}{12}\ell^4 - \frac{1}{6}\ell^4 + C_1\ell = 0$$

$$\rightarrow C_1 = \frac{1}{12}\ell^3$$

たわみとたわみ角の曲線式は

$$y = \frac{w}{2EI}\left(\frac{1}{12}x^4 - \frac{\ell}{6}x^3 + \frac{\ell^3}{12}x\right) = \frac{(w\ell)\ell^3}{24EI}\left\{\left(\frac{x}{\ell}\right)^4 - 2\left(\frac{x}{\ell}\right)^3 + \left(\frac{x}{\ell}\right)\right\}$$

$$\theta = \frac{dy}{dx} = \frac{w}{2EI}\left(\frac{1}{3}x^3 - \frac{\ell}{2}x^2 + \frac{\ell^3}{12}\right)$$

$$= \frac{(w\ell)\ell^2}{24EI}\left\{4\left(\frac{x}{\ell}\right)^3 - 6\left(\frac{x}{\ell}\right)^2 + 1\right\}$$

となるから，C 点のたわみ y_C とたわみ角 θ_C は，

$$y_C = y|_{x=\ell/2} = \frac{(w\ell)\ell^3}{24EI}\left(\frac{1}{2^4} - 2\cdot\frac{1}{2^3} + \frac{1}{2}\right)$$

$$= \frac{(w\ell)\ell^3}{24EI}\cdot\frac{1}{2^4}\cdot(1 - 2^2 + 2^3) = \frac{5(w\ell)\ell^3}{384EI} \quad (下向き)$$

$$\theta_C = \frac{dy}{dx}\bigg|_{x=\ell/2} = \frac{(w\ell)\ell^2}{24EI}\left(4\cdot\frac{1}{2^3} - 6\cdot\frac{1}{2^2} + 1\right) =$$

$$= \frac{(w\ell)\ell^2}{24EI}\left(\frac{1}{2} - \frac{3}{2} + 1\right) = 0 \quad (回転角ゼロ)$$

となる．

【例題 8.2】 図 8.17 に示す片持ち梁のたわみとたわみ角の曲線を，たわみの微分方程式を解くことにより求め，C 点のたわみ y_C とたわみ角 θ_C を計算せよ．ただし，曲げ剛性は全材 EI とする．

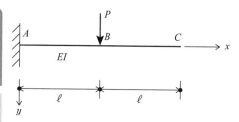

図 8.17 例題 8.2：片持ち梁

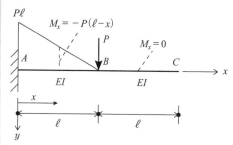

図 8.18 例題 8.2：曲線モーメント（M）図

〈解答〉
曲げモーメント（M）図を図 8.18 に示す
・AB 区間：$M_x = -P(\ell - x)$
・BC 区間：$M_x = 0$
となる．

たわみの微分方程式は，$\dfrac{d^2 y}{dx^2} = -\dfrac{M_x}{EI}$．全材の曲げ剛性 EI が一定であることから，

$$EI\dfrac{d^2 y}{dx^2} = -M_x \ \text{とおくことができる．}$$

AB 区間：たわみを y_1 とおくと，

$$EI\dfrac{d^2 y_1}{dx^2} = -Px + P\ell, \quad EI\dfrac{dy_1}{dx} = -\dfrac{P}{2}x^2 + P\ell x + C_1,$$

$$EI y_1 = -\dfrac{P}{6}x^3 + \dfrac{P\ell}{2}x^2 + C_1 x + C_2$$

ここで，A 支点は固定端であり，$y_1 = 0$，$\dfrac{dy_1}{dx} = 0$ となることから，

$$C_1 = 0, \quad C_2 = 0$$

したがって，$EI\dfrac{dy_1}{dx} = -\dfrac{P}{2}x^2 + P\ell x$，

$$EI y_1 = -\dfrac{P}{6}x^3 + \dfrac{P\ell}{2}x^2$$

BC 区間：たわみを y_2 とおくと，$EI\dfrac{d^2 y_2}{dx^2} = 0$，

$$EI\dfrac{dy_2}{dx} = C_3, \quad EI y_2 = C_3 x + C_4$$

となる．
変形の連続条件：B 節点は剛接合であることから，$x = \ell$ で，
$\dfrac{dy_1}{dx} = \dfrac{dy_2}{dx}$ となる．

$$\left.\dfrac{dy_1}{dx}\right|_{x=\ell} = \left.\dfrac{dy_2}{dx}\right|_{x=\ell} \rightarrow -\dfrac{P\ell^2}{2} + P\ell^2 = C_3 \rightarrow C_3 = \dfrac{P\ell^2}{2}$$

$$y_1|_{x=\ell} = y_2|_{x=\ell} \rightarrow -\dfrac{P\ell^3}{6} + \dfrac{P\ell^3}{2} = C_3 \ell + C_4 \rightarrow C_4 = -\dfrac{P\ell^3}{6}$$

となる．
たわみ曲線，たわみ角曲線は，
・AB 区間（$0 \leq x \leq \ell$）

$$y = \dfrac{P}{EI}\left(-\dfrac{x^3}{6} + \dfrac{\ell x^2}{2}\right) = \dfrac{P\ell^3}{EI}\left\{-\dfrac{1}{6}\left(\dfrac{x}{\ell}\right)^3 + \dfrac{1}{2}\left(\dfrac{x}{\ell}\right)^2\right\}$$

$$\theta = \dfrac{dy}{dx} = \dfrac{P\ell^2}{EI}\left\{-\dfrac{1}{2}\left(\dfrac{x}{\ell}\right)^2 + \left(\dfrac{x}{\ell}\right)\right\}$$

・BC 区間（$\ell \leq x \leq 2\ell$）

$$y = \frac{P\ell^3}{2EI}\left\{\left(\frac{x}{\ell}\right) - \frac{1}{3}\right\}, \quad \theta = \frac{dy}{dx} = \frac{P\ell^2}{2EI}$$

となる．
y_C と θ_C は，

$$y_C = y|_{x=2\ell} = \frac{P\ell^3}{2EI}\left\{2 - \frac{1}{3}\right\} = \frac{5P\ell^3}{6EI}$$

$$\theta_C = \frac{dy}{dx}\bigg|_{x=2\ell} = \frac{P\ell^2}{2EI}$$

となる．

【例題 8.3】 図 8.19 は力のモーメント M が作用する梁を示す．モールの定理により C 点のたわみ y_C を計算せよ．
（注）共役梁の設定．AB 部材と BC 部材とでは曲げ剛性が異なる．

〈解答〉
曲げモーメント（M）は図 8.21 に示すようになる．
共役梁と仮想荷重は図 8.22 と図 8.23 となる．
C 点のたわみ y_C の計算を行う．
・まず θ_A の計算を行う．

$$\sum M_B = \theta_A \ell + \frac{1}{2} \cdot \frac{M}{EI} \cdot \ell \cdot \frac{\ell}{3} = 0$$

$$\therefore \theta_A = -\frac{M\ell}{6EI}\text{（時計回り）}$$

・次に y_C の計算を行う．

$$\sum M_C = -y_C + \theta_A \cdot (2\ell) + \frac{1}{2} \cdot \frac{M}{EI} \cdot \ell \cdot \left(\frac{\ell}{3} + \ell\right) + \frac{M\ell}{2EI} \cdot \frac{\ell}{2} = 0$$

$$\therefore y_C = \theta_A \cdot (2\ell) + \frac{1}{2} \cdot \frac{M}{EI} \cdot \ell \cdot \left(\frac{\ell}{3} + \ell\right) + \frac{M\ell}{2EI} \cdot \frac{\ell}{2}$$

$$= -\frac{M\ell}{6EI} \cdot (2\ell) + \frac{1}{2} \cdot \frac{M\ell^2}{EI} \cdot \frac{4}{3} + \frac{M\ell^2}{4EI} = \frac{M\ell^2}{EI} \cdot \left(-\frac{1}{3} + \frac{2}{3} + \frac{1}{4}\right)$$

$$= \frac{7}{12} \cdot \frac{M\ell^2}{EI}$$

となる．

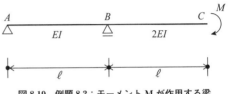

図 8.19　例題 8.3：モーメント M が作用する梁

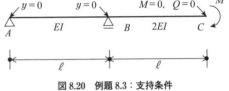

図 8.20　例題 8.3：支持条件

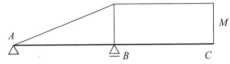

図 8.21　例題 8.3：曲げモーメント M

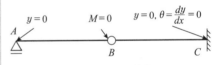

図 8.22　共役梁

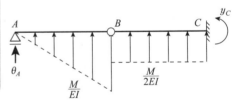

図 8.23　例題 8.3：共役梁と仮想荷重

【例題 8.4】 図 8.24 に示す集中荷重を受けるゲルバー梁の荷重点 C のたわみ y_C およびたわみ角 θ_C をモールの定理により求めよ．

〈解答〉
反力 V_A は図 8.25 において，

$$\sum_L M_D = \frac{2}{3}L \cdot V_A - \frac{L}{3} \cdot P = 0 \rightarrow V_A = \frac{P}{2}$$

となる．
曲げモーメント（M）は図 8.26 に示すようになる．
共役梁は図 8.27 と表される．

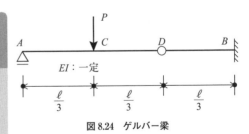

図 8.24　ゲルバー梁

共役梁と仮想荷重は図 8.28 となる.

図 8.28 において, $W = \dfrac{P\ell}{6EI}$ とおくと,

$$\Sigma M_D = \dfrac{2\ell}{3} \cdot \theta_A - \dfrac{1}{2} \cdot W \cdot \dfrac{2\ell}{3} \cdot \dfrac{\ell}{3} - \dfrac{1}{2} \cdot W \cdot \dfrac{\ell}{3} \cdot \left(\dfrac{2}{3} \cdot \dfrac{\ell}{3}\right) = 0$$

$$\therefore \theta_A = \dfrac{3}{2\ell} \cdot \left(\dfrac{1}{9} + \dfrac{1}{27}\right) \cdot W\ell^2 = \dfrac{3}{2\ell} \cdot \dfrac{4}{27} \cdot W\ell^2 = \dfrac{2}{9} W\ell$$

図 8.29 において,

$\Sigma Y = -\theta_A + \theta_C + \dfrac{1}{2} \cdot W \cdot \dfrac{\ell}{3} = 0$

よって $\theta_C = \theta_A - \dfrac{1}{6} \cdot W\ell = \left(\dfrac{2}{9} - \dfrac{1}{6}\right) \cdot W\ell = \dfrac{3}{54} W\ell = \dfrac{3\ell}{54} \cdot \dfrac{P\ell}{6EI} = \dfrac{P\ell^2}{108EI}$

(時計回り)

となる.

$\Sigma M_C = \theta_A \cdot \dfrac{\ell}{3} - y_C - \dfrac{1}{2} \cdot W \cdot \dfrac{\ell}{3} \cdot \dfrac{1}{3}\left(\dfrac{\ell}{3}\right) = 0$

$y_C = \dfrac{2}{9} \cdot W\ell \cdot \dfrac{\ell}{3} - \dfrac{W\ell^2}{2 \cdot 3^3} = \dfrac{1}{2 \cdot 3^3} \cdot (4-1) \cdot W\ell^2 = \dfrac{W\ell^2}{18} = \dfrac{\ell^2}{18} \cdot \dfrac{P\ell}{6EI}$

$\qquad\qquad\qquad\qquad\qquad = \dfrac{P\ell^3}{108EI}$ (下向き)

となる.

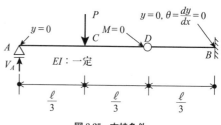

図 8.25 支持条件

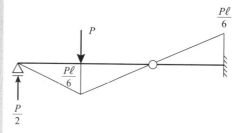

図 8.26 曲げモーメント M

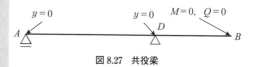

図 8.27 共役梁

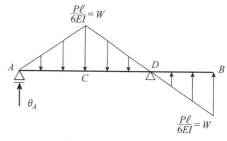

図 8.28 共役梁と仮想荷重

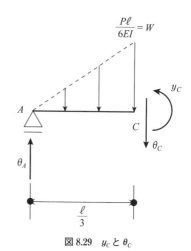

図 8.29 y_C と θ_C

第9章 不静定梁の解法

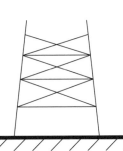

不静定梁とは，4.2節で学んだ不静定次数が1以上の梁である．図9.1に示すように静定梁の反力数 n を1つ増やす（ピン支承を固定端にする，あるいはローラー支承をピン支承にする）と，1次の不静定梁となる．図9.1 (b) ①の場合，左端のモーメントが増え，②の場合，右端の水平反力が増えている．逆に，図9.1の不静定梁の反力を1つ減らすと静定梁になることは理解できるだろう．静定梁であれば，3つの力のつり合い式や8章で学んで方法で解くことができる．

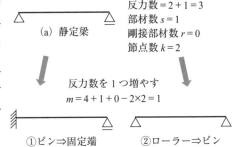

図9.1 静定梁と不静定梁

では，図9.2 (a) のように，図9.1 (b) ①の不静定梁に荷重 P が作用している状態を考える．まず，図9.2 (b) のローラー支承が自由端になった状態（片持ち梁）の静定梁1が思いつく．ところが，ローラー支承がなくなってしまったので B 点に鉛直変位 δ_B が生じてしまう．本来，B 点に作用する鉛直反力が変位を生じさせないようにしていたのである．そこで，図9.2 (c) のように δ_B をゼロに戻す力 R_B（ローラー支承の反力）が作用した静定梁2を考えればよい．つまり，図9.2 (a) の1次不静定梁は，(b) 静定梁1と (c) 静定梁2という2つの静定梁に分けて考えることによって，それらの解の和として解くことができるのである．

1次不静定梁の場合，2つの静定梁に分けて考えたように，次数+1個の静定梁を考えればさらに次数の高い不静定梁も静定梁の解の和として解くことができる．たとえば，2次不静定梁では3つの静定梁，3次不静定梁では4つの静定梁を考えればよい．

本章では，不静定梁の様々な解法を学ぶ．

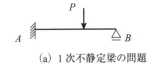

(a) 1次不静定梁の問題

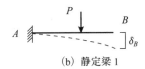

(b) 静定梁1

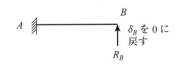

(c) 静定梁2

図9.2 不静定梁の考え方

9.1 微分方程式による解法

8.1節で静定梁の微分方程式による解法を学んだ．簡単に復習しておこう．図9.3の静定梁の曲率，回転角 θ，変位 y は，次式を解くことによって求めることができる．

$$\frac{d^2y}{dx^2} = -\frac{M_x}{EI} \tag{9.1}$$

$$\theta = \frac{dy}{dx} = -\int \frac{M_x}{EI} dx + C_1 \tag{9.2}$$

$$y = -\iint \frac{M_x}{EI} dxdx + C_1 x + C_2 \tag{9.3}$$

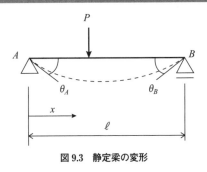

図9.3 静定梁の変形

ここで，C_1, C_2 は積分定数である．$x=0$，$x=\ell$ のときの条件を考慮すると，C_1, C_2 を求めることができる．ここで重要なことは，式

(9.1) の M_x を考えるときには，自由体の断面力を正方向に仮定することである．逆方向に仮定すると，$Q = dM_x/dx$ の計算時に断面力と式の符号が一致しないことが生じてしまう．

不静定梁の微分方程式による解法の例として，図 9.4 に示す 1 次不静定梁を考える．図 9.2 の 1 次不静定梁と同様に 2 つの静定梁に分けて考える．まず，図 9.5 (a) のように静定梁 1 の A 点から x におけるモーメント M_x は，

$$M_x = -\frac{wx^2}{2} \quad (9.4)$$

であるから，静定梁 1 のたわみ角式は次式のように表せる．

$$\frac{d^2y_1}{dx^2} = -\frac{M_x}{EI} = \frac{wx^2}{2EI} \quad (9.5)$$

積分すると，

$$\theta_1 = \frac{wx^3}{6EI} + C_1 \quad (9.6)$$

$$y_1 = \frac{wx^4}{24EI} + C_1 x + C_2 \quad (9.7)$$

B 端の境界条件，$x = \ell$ で $\theta = 0$, $y = 0$ であるから，

$$C_1 = -\frac{w\ell^3}{6EI}, C_2 = \frac{w\ell^4}{8EI}$$

したがって，式 (9.7) は式 (9.8) となる．

$$y_1 = \frac{wx^4}{24EI} - \frac{w\ell^3}{6EI}x + \frac{w\ell^4}{8EI} \quad (9.8)$$

次に静定梁 2 のたわみ角式について考えると，R_A という外力が上向きで作用しているので A 点から x におけるモーメント M_x は

$$M_x = R_A x \quad (9.9)$$

であるから，静定梁 2 たわみ角式は次式のようになる．

$$\frac{d^2y_2}{dx^2} = -\frac{M_x}{EI} = -\frac{R_A x}{EI} \quad (9.10)$$

積分すると，

$$\theta_2 = -\frac{R_A x^2}{2EI} + C_1 \quad (9.11)$$

$$y_2 = -\frac{R_A x^3}{6EI} + C_1 x + C_2 \quad (9.12)$$

この場合も B 端の境界条件，$x = \ell$ で $\theta = 0$, $y = 0$ であるから，

$$C_1 = \frac{R_A \ell^2}{2EI}, C_2 = -\frac{R_A \ell^3}{3EI}$$

よって，静定梁 2 のたわみ角式は式 (9.13) となる．

$$y_2 = -\frac{R_A x^3}{6EI} + \frac{R_A \ell^2}{2EI}x - \frac{R_A \ell^3}{3EI} \quad (9.13)$$

実際の梁は図 9.4 であるから静定梁 1 と 2 の和となる．元の梁の変位を y とすると，

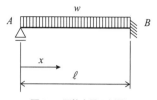

図 9.4 不静定梁の例題

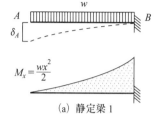

(a) 静定梁 1

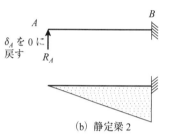

(b) 静定梁 2

図 9.5 不静定梁の解法例

$$y = y_1 + y_2 = \frac{wx^4}{24EI} - \frac{w\ell^3}{6EI}x + \frac{w\ell^4}{8EI}$$
$$- \frac{R_A x^3}{6EI} + \frac{R_A \ell^2}{2EI}x - \frac{R_A \ell^3}{3EI} \quad (9.14)$$

A 点はローラー支持なので，$x=0$ で $y=0$ であるから，

$$y = \frac{w\ell^4}{8EI} - \frac{R_A \ell^3}{3EI} = 0$$

上式から反力 R_A が求められる．

$$R_A = \frac{3}{8}w\ell \quad (9.15)$$

これを式（9.14）に代入して整理すると，

$$y = \frac{wx^4}{24EI} - \frac{w\ell}{16EI}x^3 - \frac{5w\ell^3}{48EI}x \quad (9.16)$$

元の 1 次不静定梁についてもたわみ角式

$$\frac{d^2 y}{dx^2} = -\frac{M_x}{EI}$$

が成り立つので，図 9.4 の不静定梁の曲げモーメントは，式（9.17）で表すことができる．

$$M_x = -EI\frac{d^2 y}{dx^2} = \frac{w}{2}x^2 - \frac{3}{8}w\ell x \quad (9.17)$$

せん断力は，dM_x/dx で求められる．

$$Q_x = \frac{dM_x}{dx} = wx - \frac{3}{8}w\ell \quad (9.18)$$

$Q=0$ のとき M_x は最大となる．つまり，

$$\frac{dM_x}{dx} = wx - \frac{3}{8}w\ell = 0 \qquad \therefore x = \frac{3}{8}\ell$$

最大曲げモーメントは，式（9.17）に x の値を代入して，

$$M_{\max} = \frac{9}{128}w\ell^2 \quad (9.19)$$

が求められる．

せん断力図は式（9.18）から図 9.6 のように，モーメント図は式（9.17）から図 9.7 のように描くことができる．

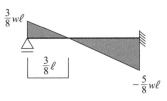

図 9.6 せん断力図

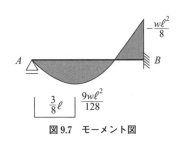

図 9.7 モーメント図

9.2 仕事量の釣り合いによる解法

9.2.1 仕事とは？

皆さんも経験があると思うが，図 9.8 のように家具を距離 ℓ だけ移動させる場合，力 F を横から加えて動かす．このときに力 F がした**仕事** W は，

$$W = F \times \ell \quad (9.20)$$

で表すことができる．さらに，床面が滑らかであれば摩擦が小さいので押す力 F_1 は小さくてすむが，ザラザラした床面の場合，摩擦が大きくなるため大きな力 F_2 が必要となる．これら力 F_1 や F_2 は，床

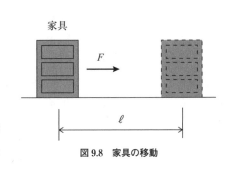

図 9.8 家具の移動

面の摩擦によって決まる一定の力である．この関係を図化すると，図9.9のようになる．つまり，床を移動する場合の仕事量は，力と距離で表された面積で決定される．

では，図9.10に示すように，木材や鉄などの建築材料で製作された梁の中央に力Pが作用したときを考えてみよう．梁の材軸は，力が作用している中央が最も大きくδだけたわむ．この変形δは，力Pが大きければ大きいほどδも大きくなるので，図9.11のような力と変形の図が描ける．このように，力の大きさによって変形が変化する場合の仕事Wも面積を計算することにより求めることができる．しかし，力が一定ではないので，三角形の面積となる．したがって，仕事Wは，式（9.21）で表される．

$$W = \frac{1}{2}P\delta \tag{9.21}$$

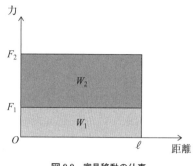

図9.9 家具移動の仕事

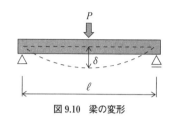

図9.10 梁の変形

9.2.2 エネルギー

図9.10のように梁が変形すると，部材の断面力とひずみによって内部にひずみエネルギーが蓄えられる．その**ひずみエネルギー**はどのようにして計算できるのであろうか？

断面力には，軸力N，せん断力Q，曲げモーメントMがあり，それぞれの断面力に対するひずみとして，軸ひずみε，せん断変形角γ，曲率ϕがある．部材全体の断面力によるひずみエネルギーの総和は，微小区間dxの内力仕事ΔUを部材全長にわたって積分することにより求めることができる．

$$U = \int_0^\ell \Delta U_N dx + \int_0^\ell \Delta U_Q dx + \int_0^\ell \Delta U_M dx \tag{9.22}$$

ここで，ΔU_N，ΔU_Q，ΔU_Mは，それぞれ微小区間dxにおける軸力，せん断力，曲げモーメントによる内部仕事を表している．微小区間dxにおける軸力，せん断力，曲げモーメントの仕事量は，外力－変形関係と同様に線形関係にあるので，それぞれの断面力と変形の関係に関する三角形の面積で計算すればよい．

軸力に関するΔU_Nを考えてみる．図9.12に示すように，梁の微小区間dxにおける変形は$\varepsilon_x dx$であるから，ΔU_Nは式（9.23）となる．

$$\Delta U_N = \frac{1}{2}N\varepsilon_x dx = \frac{1}{2}N\frac{\sigma_x}{E}dx = \frac{N^2}{2EA}dx \tag{9.23}$$

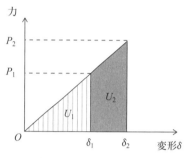

図9.11 梁の力と変形の関係

同様に，せん断力Qに関するΔU_Qを考えよう．せん断に関する微小断面の内部仕事は，7.3節の「せん断ひずみ度とせん断変形」の式（7.28）が応用できる．式（7.28）を再掲する．

$$W_i = \kappa_e \frac{Q^2}{2GA}dy \tag{7.28}$$

式（7.28）は柱に関する式なので，dyは材軸方向（鉛直方向）を意味する．ここで考えているのは梁で水平方向が材軸方向であるから，式（7.28）を梁の材軸方向dxとすれば微小断面の内部仕事量が式（9.24）のように表現できる．

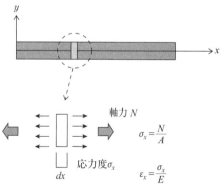

図9.12 微小断面dxの応力-ひずみ

$$\Delta U_Q = \kappa_e \frac{Q^2}{2GA} dx \quad (9.24)$$

次に曲げモーメントに関する ΔU_M を考えよう．曲げモーメントによる断面の応力とひずみ度との関係については，7.2節の「曲げひずみ度と曲率」で学んだ．曲げモーメントに対応する変形量は，曲率であり，その関係は式（9.25）で表すことができる．

$$M = \phi EI \quad (9.25)$$

ここで，ϕ は曲率，I は断面2次モーメントである．式（9.25）も線形関係にあるので，曲げモーメントに関する微小断面 dx における ΔU_M は，式（9.26）で表すことができる．

$$\Delta U_M = \frac{1}{2} M \phi dx = \frac{1}{2} M \frac{M}{EI} dx = \frac{M^2}{2EI} dx \quad (9.26)$$

以上，各応力の微小区間の内部仕事量が求められたので，部材長 ℓ の全仕事量は軸力，せん断力，曲げモーメントの仕事量を材軸 ℓ に関して積分すればよい．

$$U = \int_0^\ell \frac{N^2}{2EA} dx + \int_0^\ell \kappa_e \frac{Q^2}{2GA} dx + \int_0^\ell \frac{M^2}{2EI} dx \quad (9.27)$$

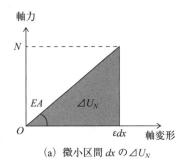

(a) 微小区間 dx の ΔU_N

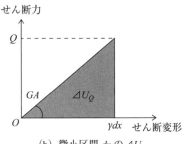

(b) 微小区間 dx の ΔU_Q

9.2.3 仕事量の釣り合い

外力による外力仕事 W と，外力によって生じた断面力による軸力・せん断力・曲げモーメントによる内力仕事（ひずみエネルギー）は等しい．したがって，

$$W = U \quad (9.28)$$

が成立する．

図9.14のように梁中央に集中荷重が作用した単純梁を考える．外力の仕事量は式（9.21）で計算でき，内力の仕事量は式（9.27）で計算できる．軸力は0なので，式（9.28）より式（9.29）となる．

$$\frac{1}{2} P\delta = \int_0^\ell \kappa_e \frac{Q^2}{2GA} dx + \int_0^\ell \frac{M^2}{2EI} dx \quad (9.29)$$

ここで，左端から x の距離におけるせん断力，曲げモーメントは，それぞれ，

$$Q_x = \frac{P}{2}$$

$$M_x = \frac{1}{2} Px$$

であるから，これらを式（9.29）の右辺に代入すると，

$$\int_0^\ell \kappa_e \frac{Q^2}{2GA} dx + \int_0^\ell \frac{M^2}{2EI} dx = \int_0^\ell \kappa_e \frac{\left(\frac{P}{2}\right)^2}{2GA} dx + 2\int_0^{\ell/2} \frac{\left(\frac{1}{2}Px\right)^2}{2EI} dx$$

$$= \kappa_e \frac{P^2}{8GA} \int_0^\ell dx + \frac{P^2}{4EI} \int_0^{\ell/2} x^2 dx$$

$$= \kappa_e \frac{P^2 \ell}{8GA} + \frac{P^2 \ell^3}{96EI} \quad (9.30)$$

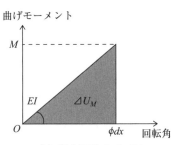

(c) 微小区間 dx の ΔU_M

図9.13 各応力の仕事量

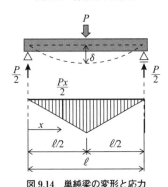

図9.14 単純梁の変形と応力

これを式（9.29）に代入して，

$$\delta = \kappa_e \frac{P\ell}{4GA} + \frac{P\ell^3}{48EI} \qquad (9.31)$$

が求められる．この式には，せん断変形と曲げ変形が考慮されている．せん断変形の影響がほとんどないと考えられる場合には，式(9.31)のせん断変形分を無視して，

$$\delta = \frac{P\ell^3}{48EI} \qquad (9.32)$$

のように簡略化できる．

ここで，梁断面が$b \times D$の場合，式（9.31）のせん断変形の影響がどのくらいあるのかを考えてみよう．第7章で学んだようにせん断弾性係数Gは，ヤング係数Eと下式の関係がある．

$$G = \frac{E}{2(1+\nu)}$$

上式からわかるように，一般的な建築材料の範囲ではせん断弾性係数は$G < 0.5E$である．建築材料では，コンクリートで$\nu = 0.2$，鋼材で$\nu = 0.3$である．簡単のために$G = 0.4E$，$\kappa_e = 1.2$とし，$b \cdot D$を代入して式（9.31）を変形する．

$$\delta = 1.2 \frac{P\ell}{4 \times 0.4 EbD} + \frac{P\ell^3}{48E} \cdot \frac{12}{bD^3}$$
$$= \frac{P\ell}{4EbD}\left(3 + \frac{\ell^2}{D^2}\right) \qquad (9.33)$$

式（9.33）より，変形δはスパン長ℓと梁せいDの比ℓ/Dに比例することがわかる．建築で一般的なℓ/Dは，10前後であるから$\ell/D = 10$とした場合を考えてみよう．

せん断変形と曲げ変形を考えた場合の変形$\delta_{(Q+M)}$は，

$$\delta_{(Q+M)} = \frac{P\ell}{4EbD}\left(3 + \frac{\ell^2}{D^2}\right) = \frac{1030P}{4Eb}$$

次に，曲げ変形だけを考えた場合の変形$\delta_{(M)}$は，

$$\delta_{(M)} = \frac{P\ell}{4EbD} \cdot \frac{\ell^2}{D^2} = \frac{1000P}{4Eb}$$

したがって，$\delta_{(Q+M)}/\delta_{(M)} = 1.03$となる．これは，曲げ変形だけを考えた場合に比べて，せん断変形と曲げ変形を考慮した場合には，3％の影響があることを意味する．

以上のことから，ℓ/Dが10程度の建築構造に関する内部仕事量は曲げモーメントだけでも評価することが可能であると言える．ℓ/Dが小さい場合には，せん断変形の影響が大きくなると考えられるので，適切な断面評価が必要となる．

【例題9.1】図9.15の片持ち梁の先端におけるたわみ量を仕事量の釣り合いから求めなさい．内部仕事量は曲げモーメントのみ考慮すればよい．

〈解答〉片持ち梁先端のたわみをδとすると，外力仕事Wは，

図9.15 例題9.1：片持ち梁（先端集中荷重）

$$W = \frac{1}{2}P\delta$$

となる．

A 点から x の距離における曲げモーメントは，

$$M_x = -Px$$

なので，内力仕事 U は，

$$U = \int_0^\ell \frac{M^2}{2EI}dx = \int_0^\ell \frac{(-Px)^2}{2EI}dx = \frac{P^2}{2EI}\left[\frac{1}{3}x^3\right]_0^\ell = \frac{P^2\ell^3}{6EI}$$

したがって，$W = U$ とおいて，

$$\frac{1}{2}P\delta = \frac{P^2\ell^3}{6EI} \quad \therefore \delta = \frac{P\ell^3}{3EI}$$

9.3 仮想仕事の原理

前節では，外部仕事と内部仕事との釣り合いから，外力が作用している点における変形を求める方法を説明した．外力が作用している点以外のところの変形や回転角は，どのようにして求めればよいのだろうか？

この問題を解くために使うのが**仮想仕事の原理**である．仮想仕事の原理は，仮想の外力あるいは変位に対して，**仮想外力仕事** $\overline{W}$ =**仮想内力仕事** $\overline{U}$ の関係を用いて解く方法である．

9.3.1 単位外力法

仮想仕事の原理を用いた解法として，仮想の単位荷重を任意の求めたい点に作用させる方法を**単位外力法**という．例として，図 9.16 (a) に示すように中央に集中荷重が作用した単純梁の左端から $\ell/3$ の点における変位を求める．

図 9.16 (b) のように，仮想の単位外力 1 を求めたい点に作用させたときの外力仕事量 $\overline{W}$ は，

$$\overline{W} = \frac{1}{2}\cdot 1 \cdot \overline{\delta} \tag{9.34}$$

で表すことができる．ここで，$\overline{\delta}$ が求めたい変位である．また，仮想の単位外力による内力仕事量 $\overline{U}$ は，

$$\overline{U} = \int_0^\ell \frac{1}{2}\overline{M}\phi dx = \int_0^\ell \frac{1}{2}\overline{M}\frac{M}{EI}dx = \int_0^\ell \frac{\overline{M}M}{2EI}dx \tag{9.35}$$

となる．ここで，$\overline{M}$ は仮想外力（図 9.16 (b)）による曲げモーメントであり，ϕ は実際の荷重（図 9.16 (a)）に対する変形である．$\overline{W} = \overline{U}$ であるから，

$$\frac{1}{2}\cdot 1 \cdot \overline{\delta} = \int_0^\ell \frac{\overline{M}M}{2EI}dx$$

整理すると，

$$1 \cdot \overline{\delta} = \int_0^\ell \frac{\overline{M}M}{EI}dx \tag{9.36}$$

となる．右辺の積分を計算する際には，実際の曲げモーメント分布

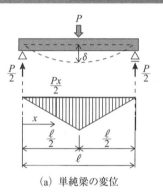

(a) 単純梁の変位

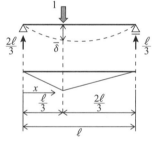

(b) 仮想外力によるモーメント分布

図 9.16 仮想仕事法による解法

と仮想仕事による曲げモーメント分布のxに関する関数に注意しなければならない．本例題の場合，0から$\ell/3$，$\ell/3$から$\ell/2$，$\ell/2$からℓの3区間にわかれる．それぞれの区間で$\overline{M}$, Mの関数を作らなければならない．

$$\begin{aligned}1 \cdot \overline{\delta} &= \int_0^\ell \frac{\overline{M}M}{EI}dx \\ &= \frac{1}{EI}\int_0^{\frac{\ell}{3}} \frac{2\ell}{3}x \cdot \frac{P}{2}x\,dx + \frac{1}{EI}\int_{\frac{\ell}{3}}^{\frac{\ell}{2}} \frac{\ell}{3}(1-x) \cdot \frac{P}{2}x\,dx \\ &\quad + \frac{1}{EI}\int_{\frac{\ell}{2}}^{\ell} \frac{\ell}{3}(\ell-x) \cdot \frac{P}{2}(\ell-x)dx \\ &= \frac{1}{EI}\left\{\int_0^{\frac{\ell}{3}} \frac{P\ell}{3}x^2\,dx + \int_{\frac{\ell}{3}}^{\frac{\ell}{2}} \frac{P\ell}{6}(1-x)x\,dx + \int_{\frac{\ell}{2}}^{\ell} \frac{P\ell}{6}(\ell-x)^2\,dx\right\} \\ &= \frac{23}{1296}\frac{P\ell^3}{EI}\end{aligned}$$

軸力，せん断力，曲げモーメントが作用する部材における仮想仕事の原理を用いた一般式は，変位に関しては$\overline{P}=1$，回転角に関しては$\overline{M}=1$とした下式となる．

$$\delta = \int_0^\ell \frac{N\overline{N}}{EA}dx + \int_0^\ell \kappa_e \frac{Q\overline{Q}}{GA}dx + \int_0^\ell \frac{M\overline{M}}{EI}dx \quad (9.37)$$

$$\theta = \int_0^\ell \frac{N\overline{N}}{EA}dx + \int_0^\ell \kappa_e \frac{Q\overline{Q}}{GA}dx + \int_0^\ell \frac{M\overline{M}}{EI}dx \quad (9.38)$$

式（9.37）と式（9.38）の右辺におけるN, Q, Mは本来の外力に関する部材の任意点における応力であり，$\overline{N}$, $\overline{Q}$, $\overline{M}$は仮想荷重に対する部材任意点における応力である．通常の建築構造物における部材を考える場合には，下式のように曲げモーメントの項だけを計算すればよい．

$$\delta = \int_0^\ell \frac{M\overline{M}}{EI}dx \quad (9.39)$$

$$\theta = \int_0^\ell \frac{M\overline{M}}{EI}dx \quad (9.40)$$

【例題 9.2】 例題 9.1 と同じ図 9.17 に示す先端に集中荷重が作用した片持ち梁先端の変位および回転角を仮想仕事の原理により求めなさい．

〈解答〉A点からx位置におけるモーメントは，次の式で表すことができる．

$$M_x = -Px$$

A点に仮想荷重$\overline{P}=1$を作用させたときのx位置のモーメントは，

$$\overline{M}_x = -x$$

であるから，A点における変位は，式（9.39）にM_xと$\overline{M}_x$を代入して

$$\delta = \int_0^\ell \frac{(-Px)(-x)}{EI}dx = \frac{P}{EI}\left[\frac{x^3}{3}\right]_0^\ell = \frac{P\ell^3}{3EI}$$

図9.17 例題9.2：片持ち梁（先端集中荷重）

図9.18 例題9.2：片持ち梁（回転角算出用）

また，A点の回転角を求めるには，図9.18に示すようにA点に$\overline{M}=1$を作用させればよい．x位置のモーメントは，$\overline{M}_x=1$であるから

$$\theta = \int_0^\ell \frac{(-Px)\cdot 1}{EI} dx = \frac{P}{EI}\left[-\frac{x^2}{2}\right]_0^\ell = -\frac{P\ell^2}{2EI}$$

【例題9.3】図9.19（a）に示す等分布荷重が作用した片持ち梁の中央C点の変位および回転角を仮想仕事の原理を用いて求めなさい．

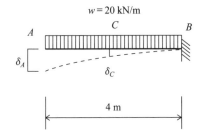

(a) 片持ち梁（等分布荷重）

〈解答〉A点からxの距離におけるモーメントは，下式で表せる．

$$M_x = -\frac{w}{2}x^2 = -10x^2$$

C点の変位を求めるために仮想荷重$\overline{P}=1$を作用させたときのC-B間のモーメントは次式で与えられる．

$$\overline{M}_x = -x$$

図9.19（b）に示すように，A-C間はモーメントがゼロなので積分範囲から除外できる．したがって，C点の変位は次のようになる．

$$\delta = \int_2^4 \frac{(-10x^2)(-x)}{EI} dx = \frac{10}{EI}\left[\frac{x^4}{4}\right]_2^4 = \frac{2400}{EI} \text{(m)}$$

同様にC点の回転角を求めるために仮想荷重$\overline{M}=1$を作用させたときのC-B間のモーメントは次式で与えられる．

$$\overline{M}_x = 1$$

したがって，C点の回転角は次のようになる．

$$\theta = \int_2^4 \frac{(-10x^2)\cdot 1}{EI} dx = \frac{10}{EI}\left[-\frac{x^3}{3}\right]_2^4 = -\frac{560}{3EI} \text{(rad.)}$$

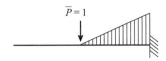

(b) 仮想荷重（変位算出用）

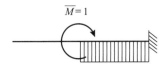

(c) 仮想荷重（回転角算出用）

図9.19 例題9.3：片持ち梁（等分布荷重）

9.4 カスティリアノ（Castigliano）の定理

これまでの9.2節および9.3節では，作用する荷重により部材に蓄えられる内部ひずみエネルギーを用いた解法を学修してきた．本節で扱う**カスティリアノの定理**もひずみエネルギーを利用した解法である．

カスティリアノの定理には次の2つがある．

カスティリアノの第1定理

ひずみエネルギーUが変位δの関数であるとき，Uを任意i点の変位δ_iで偏微分すると，その変位と同じ方向のi点の外力P_iとなる．

$$P_i = \frac{\partial U}{\partial \delta} \tag{9.41}$$

カスティリアノの第2定理

ひずみエネルギーUが外力Pまたは外力Mの関数であるとき，Uを任意i点の外力P_iまたは外力M_iで偏微分すると，その外力と同じ方向のi点の変位δ_iまたは回転角θ_iとなる．

$$\delta_i = \frac{\partial U}{\partial P_i} \qquad (9.42)$$

$$\theta_i = \frac{\partial U}{\partial M_i} \qquad (9.43)$$

一般的に使われるのは，変位を求める「カスティリアノの第2定理」である．式 (9.42) を誘導する．

ある部材に外力 $P_1, P_2, \cdots, P_i, \cdots, P_n$ が作用したとき，各作用点の変位を $\delta_1, \delta_2, \cdots, \delta_i, \cdots, \delta_n$ とすると，外部仕事 W は式 (9.21) と同じであるから次式となる．

$$W = \frac{1}{2}\sum_{k=1}^{n} P_k \delta_k \qquad (9.44)$$

外力のうち i 点の荷重が $P_i + \Delta P_i$ であったとき，各作用点の変位変化分を $\Delta\delta_1, \Delta\delta_2, \cdots, \Delta\delta_i, \cdots, \Delta\delta_n$ とすると，外力仕事 $W + \Delta W$ は

$$W + \Delta W = \frac{1}{2}P_1(\delta_1 + \Delta\delta_1) + \frac{1}{2}P_2(\delta_2 + \Delta\delta_2) + \cdots$$
$$+ \frac{1}{2}(P_i + \Delta P_i)(\delta_i + \Delta\delta_i) + \cdots + \frac{1}{2}P_n(\delta_n + \Delta\delta_n)$$

両辺の釣り合いから

$$\Delta W = \frac{1}{2}P_1\Delta\delta_1 + \frac{1}{2}P_2\Delta\delta_2 + \cdots$$
$$+ \frac{1}{2}(P_i\Delta\delta_i + \Delta P_i\delta_i + \Delta P_i\Delta\delta_i) + \cdots + \frac{1}{2}P_n\Delta\delta_n$$

微小の積 $\Delta P_i \Delta\delta_i$ を無視すると，

$$\Delta W = \frac{1}{2}\sum_{k=1}^{n} P_k \Delta\delta_k + \frac{1}{2}\Delta P_i \delta_i$$

上式を P_i で偏微分すると，

$$\frac{\partial W}{\partial P_i} = \frac{1}{2}\sum_{k=1}^{n}\frac{\partial P_k}{\partial P_i}\Delta\delta_k + \frac{1}{2}\sum_{k=1}^{n} P_k \frac{\partial\delta_k}{\partial P_i} + \frac{1}{2}\delta_i + \frac{1}{2}\Delta P_i \frac{\partial\delta_i}{\partial P_i}$$
$$= \frac{1}{2}\Delta\delta_i + \frac{1}{2}\sum_{k=1}^{n} P_k \frac{\partial\delta_k}{\partial P_i} + \frac{1}{2}\delta_i + \frac{1}{2}\Delta P_i \frac{\partial\delta_i}{\partial P_i}$$
$$= \frac{1}{2}\sum_{k=1}^{n} P_k \frac{\partial\delta_k}{\partial P_i} + \frac{1}{2}\delta_i \qquad (9.45)$$

個々の外力 $P_1, P_2, \cdots, P_i, \cdots, P_n$ は互いに影響しないので，荷重の偏微分値はゼロとなり，残った $(1/2)\Delta\delta_i$ と第4項は他項に比べて小さいので無視した結果である．

次に最初の状態から i 点の荷重が ΔP_i だけ変化した場合を考える．このとき外力の仕事量は，荷重作用の順序に関係なく前述と同じになるはずである．

$$\Delta W = \sum_{k=1}^{n} P_k \frac{\partial\delta_k}{\partial P_i}\Delta P_i + \frac{1}{2}\Delta P_i \frac{\partial\delta_k}{\partial P_i}\Delta P_i$$
$$= \sum_{k=1}^{n} P_k \frac{\partial\delta_k}{\partial P_i}\Delta P_i$$

上式で第1項は ΔP_i によるそれぞれの外力 P_k の仕事増分であり，第

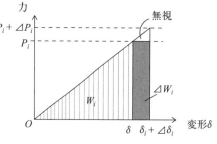

(a) i 点の外力と仕事量の模式図

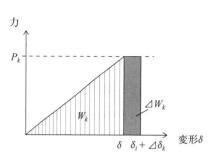

(b) k 点の外力と仕事量の模式図

図 9.20　ΔP_i と仕事量

2項は ΔP_i 自身の仕事増分である．高次項である第2項を無視した上式を P_i で偏微分すると，

$$\frac{\partial W}{\partial P_i} = \sum_{k=1}^{n} P_k \frac{\partial \delta_k}{\partial P_i} \qquad (9.46)$$

式（9.45）および式（9.46）より，

$$\frac{1}{2}\sum_{k=1}^{n} P_k \frac{\partial \delta_k}{\partial P_i} + \frac{1}{2}\delta_i = \sum_{k=1}^{n} P_k \frac{\partial \delta_k}{\partial P_i} \qquad (9.47)$$

$$\delta_i = \sum_{k=1}^{n} P_k \frac{\partial \delta_k}{\partial P_i}$$

式（9.46）に式（9.47）を代入して，

$$\frac{\partial W}{\partial P_i} = \delta_i$$

となる．外部エネルギーと内部エネルギーは等しいので次式が成り立つ．

$$\frac{\partial U}{\partial P_i} = \delta_i \qquad (9.48)$$

式（9.48）は，式（9.42）と同じとなる．

【例題 9.4】 例題 9.1 と同じ図 9.21 に示す先端に集中荷重が作用した片持ち梁先端の変位および回転角をカスティリアノの定理により求めなさい．

〈解答〉 A 点から x 位置におけるモーメントは，次式で表される．

$$M_x = -Px$$

これを荷重 P で偏微分すると，

$$\frac{\partial M_x}{\partial P} = -x$$

となる．カスティリアノの定理より，

$$\delta = \frac{\partial U}{\partial P} = \int_0^\ell \frac{M_x}{EI} \cdot \frac{\partial M_x}{\partial P} dx$$

$$= \frac{1}{EI}\int_0^\ell (-Px)(-x)dx = \frac{P}{EI}\left[\frac{x^3}{3}\right]_0^\ell = \frac{P\ell^3}{3EI}$$

A 点の回転角を求めるために，荷重 P に加えて仮想のモーメント M を作用させる．このときの A 点から x 位置におけるモーメントは，次式で表される．

$$M_x = -Px + M$$

これをモーメント M で偏微分すると，

$$\frac{\partial M_x}{\partial M} = 1$$

となる．カスティリアノの定理より，回転角が次のように求められる．なお，仮想モーメント M は本来ない荷重なので $M=0$ である．

$$\theta = \frac{\partial U}{\partial M} = \int_0^\ell \frac{M_x}{EI} \cdot \frac{\partial M_x}{\partial M} dx$$

$$= \frac{1}{EI}\int_0^\ell (-Px + M)(1)dx = -\frac{P}{EI}\left[\frac{x^2}{2}\right]_0^\ell = -\frac{P\ell^2}{2EI}$$

図 9.21 例題 9.4：片持ち梁（先端集中荷重）

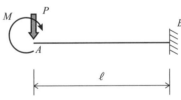

図 9.22 例題 9.4：回転角算出用仮想モーメント

【例題 9.5】 図 9.23 に示す等分布荷重が作用する単純梁の中央 C 点における変位および A 点のたわみ角をカスティリアノの定理により求めなさい．

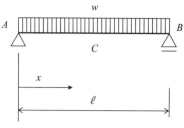

図 9.23　例題 9.5：単純梁の例題

〈解答〉中央 C 点の鉛直変位を求めるために，図 9.24（a）のように仮想の集中荷重 P を作用させる．等分布荷重と仮想集中荷重 P により支点反力 R_A, R_B は以下のようになる．

$$R_A = R_B = \frac{w\ell}{2} + \frac{P}{2}$$

上式から A 点から x 位置におけるモーメントは下式となる．

$$M_x = \frac{w\ell}{2}x - \frac{w}{2}x^2 + \frac{P}{2}x$$

この曲げモーメントを P で偏微分すると，

$$\frac{\partial M_x}{\partial P} = \frac{x}{2}$$

となる．したがって，C 点の鉛直変位 δ_C は次式で表すことができる．

$$\delta_C = \frac{\partial U}{\partial P} = \int_0^\ell \frac{M_x}{EI} \cdot \frac{\partial M_x}{\partial P} dx$$

$$= \frac{2}{EI} \int_0^{\frac{\ell}{2}} \left(\frac{w\ell}{2}x - \frac{w}{2}x^2 + \frac{P}{2}x\right)\left(\frac{x}{2}\right) dx$$

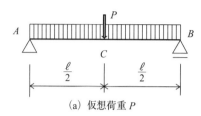

(a) 仮想荷重 P

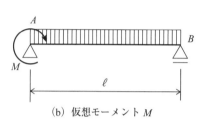

(b) 仮想モーメント M

図 9.24　例題 9.5：仮想荷重

仮想荷重 P は本来ない荷重なので $P=0$ であるから，

$$\delta_C = \frac{2}{EI} \int_0^{\frac{\ell}{2}} \left(\frac{w\ell}{2}x - \frac{w}{2}x^2\right)\left(\frac{x}{2}\right) dx$$

$$= \frac{2}{EI} \int_0^{\frac{\ell}{2}} \left(\frac{w\ell}{4}x^2 - \frac{w}{4}x^2\right) dx = \frac{w}{2EI}\left[\frac{\ell x^3}{3} - \frac{x^4}{4}\right]_0^{\frac{\ell}{2}}$$

$$= \frac{5w\ell^4}{384EI}$$

A 点のたわみ角を求めるために，図 9.20（b）のように A 点に仮想モーメント M を作用させる．このときの等分布荷重と仮想集中荷重 P により支点反力 R_A, R_B は以下のようになる．

$$R_A = \frac{w\ell}{2} - \frac{M}{\ell} \quad R_B = \frac{w\ell}{2} + \frac{M}{\ell}$$

A 点から x 位置におけるモーメントは下式となる．

$$M_x = \frac{w\ell}{2}x - \frac{w}{2}x^2 - \frac{M}{\ell}x + M$$

この曲げモーメントを M で偏微分すると，

$$\frac{\partial M_x}{\partial M} = -\frac{x}{\ell} + 1$$

となる．したがって，A 点のたわみ θ_A は次式で表すことができる．

$$\theta_A = \frac{\partial U}{\partial M} = \int_0^\ell \frac{M_x}{EI} \cdot \frac{\partial M_x}{\partial M} dx$$

$$= \frac{1}{EI} \int_0^\ell \left(\frac{w\ell}{2}x - \frac{w}{2}x^2 - \frac{M}{\ell}x + M\right)\left(-\frac{x}{\ell} + 1\right) dx$$

仮想モーメント M は本来ない荷重なので $M=0$ であるから，

$$\delta_C = \frac{1}{EI}\int_0^\ell \left(\frac{w\ell}{2}x - \frac{w}{2}x^2\right)\left(-\frac{x}{l}+1\right)dx$$
$$= \frac{1}{EI}\int_0^\ell \left(\frac{w}{2\ell}x^3 - wx^2 + \frac{w\ell}{2}x\right)dx = \frac{w}{EI}\left[\frac{x^4}{8\ell} - \frac{x^3}{3} + \frac{\ell x^2}{4}\right]_0^\ell$$
$$= \frac{w\ell^3}{24EI}$$

9.5 たわみ角法

たわみ角法とは，材端の曲げモーメントを回転角と部材角で表した式について，節点の釣り合い（節点方程式）や層に関する外力と層せん断力の釣り合い（層方程式）条件を基に，連立方程式を作り，これらを回転角・部材角について解くことにより材端の曲げモーメントを算出する方法である．

今まで学修した様々な解法の中には，軸力やせん断力を考慮したものもあったが，このたわみ角法は曲げモーメントのみ，つまり節点での回転角のみ考慮し，軸力・せん断力（軸変形・せん断変形）は無視する．

図9.25（a）は，梁ABに荷重wやP_iが作用したときの材端応力を表したものである．材端モーメントM_{AB}, M_{BA}，材端せん断力Q_{AB}, Q_{BA}は図に示す矢印方向，時計まわりを正とする．荷重により梁ABが変形した状態，梁$A'B'$を図9.25（b）に示す．θ_Aとθ_Bは，材端A, Bにおける部材接線と変形前の材軸とのなす角で，これを**節点回転角**という．**材端たわみ角**τ_Aとτ_Bは，節点回転角θ_A, θ_Bから部材角Rを引いたものである．部材角Rは，変形前の材軸と変形後の材軸の回転量なので，AB点で等しい．これら材端の回転角は，応力と同様に時計まわりを正とする．

この節では，節点の移動がない場合，つまり部材角$R=0$となる場合について学修する．部材角$R=0$のとき，たわみ角τ_Aとτ_Bはそれぞれ節点回転角θ_A・θ_Bと等しくなる．

節点の移動（材軸方向と直交方向への移動をいう）がある場合に用いる層方程式については10.1節にて説明する．

9.5.1 モールの定理によるたわみ角の基本式

たわみ角法の基本式は，8.2節のモールの定理を用いて導くことができる．図9.26（a）に示すように，曲げ剛性EIを有する単純梁の両端部に材端モーメントのみが作用し，部材角が発生しない場合を考える．モーメントが作用するA端，B端ともにたわみ角（材端回転角）が生じ，図9.26（b）のような変形となる．

図9.26（a）のモーメントとたわみ角との関係を導くために，図9.27に示すようにA端のモーメントM_{AB}とB端のモーメントM_{BA}を分けて考える．分けて考えても図9.26と図9.27の仕事量は同じである．

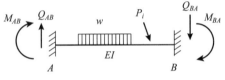

(a) 梁ABと材端応力

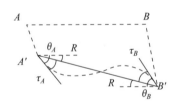

(b) 材端変位

図9.25 材端力と材端変位

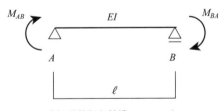

(a) 単純梁と材端モーメント

(b) 単純梁の変形

図9.26 単純梁のMとτ

まず，A端にのみモーメント M_{AB} が作用したときのA・B端のたわみ角を τ_{A1}, τ_{B1} とすると，図9.27（a）のような変形となり，モーメント分布は図9.27（b）となる．モーメント M_{AB} と両端のたわみ角との関係を求めるために，モールの定理を使うと共役梁は図9.27（c）のようになる．共役梁のせん断力がたわみ角となるので，モーメント M_{AB} が作用したときのたわみ角 τ_{A1}, τ_{B1} は式（9.49）のように求められる．

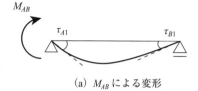

(a) M_{AB} による変形

(b) M_{AB} によるモーメント分布

$$\tau_{A1} = \frac{M_{AB}\ell}{2EI} \times \frac{2}{3} = \frac{M_{AB}\ell}{3EI}$$
$$\tau_{B1} = -\frac{M_{AB}\ell}{2EI} \times \frac{1}{3} = -\frac{M_{AB}\ell}{6EI} \quad (9.49)$$

同様に，B端にのみモーメント M_{BA} が作用したときのA・B端のたわみ角を τ_{A2}, τ_{B2} とすると，図9.27（d）のような変形となり，モーメント分布は図9.27（e）となる．モールの定理を使うと共役梁は図9.27（f）のようになる．よって，モーメント M_{BA} が作用したときのたわみ角 τ_{A2}, τ_{B2} は式（9.50）のように求められる．

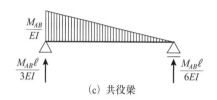

(c) 共役梁

$$\tau_{A2} = -\frac{M_{BA}\ell}{2EI} \times \frac{1}{3} = -\frac{M_{BA}\ell}{6EI}$$
$$\tau_{B2} = \frac{M_{BA}\ell}{2EI} \times \frac{2}{3} = \frac{M_{BA}\ell}{3EI} \quad (9.50)$$

A・B両端に曲げモーメント M_{AB}, M_{BA} が作用したときのたわみ角 τ_A, τ_B は，式（9.49）と式（9.50）の和として式（9.51）のように求めることができる．

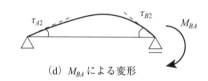

(d) M_{BA} による変形

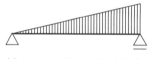

(e) M_{BA} によるモーメント分布

$$\tau_A = \tau_{A1} + \tau_{A2} = \frac{M_{AB}\ell}{3EI} - \frac{M_{BA}\ell}{6EI} = \frac{\ell}{6EI}(2M_{AB} - M_{BA})$$
$$\tau_B = \tau_{B1} + \tau_{B2} = -\frac{M_{AB}\ell}{6EI} + \frac{M_{BA}\ell}{3EI} = \frac{\ell}{6EI}(2M_{BA} - M_{AB}) \quad (9.51)$$

式（9.51）は，曲げモーメントからたわみ角を求める式であるが，曲げモーメントを求める式に変換すると式（9.52）となる．

$$M_{AB} = \frac{2EI}{\ell}(2\tau_A + \tau_B)$$
$$M_{BA} = \frac{2EI}{\ell}(2\tau_B + \tau_A) \quad (9.52)$$

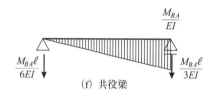

(f) 共役梁

図9.27 材端モーメントと τ の関係

式（9.52）がたわみ角法の基本公式である．

式（9.52）のように，たわみ角法では曲げモーメントのみを考慮し，軸変形やせん断変形は無視される．軸変形を無視するので，部材の伸縮は考えない．

$2EK_0\tau_i$ の単位は何だろう？
E はヤング係数なので N/mm²
K_0 は剛度（I/ℓ）なので
　　mm⁴/mm = mm³
τ_i はたわみ角なので無次元
よって，
　　N/mm² × mm³ × 1 = N·m
となりモーメント単位となる．

9.5.2 剛度と剛比によるたわみ角法の表現

断面2次モーメント I を材長 ℓ で除したもの I/ℓ を**剛度** K という．部材の**標準剛度** K_o に対する比 K/K_0 を**剛比** k と呼ぶ．

$$K = \frac{I}{\ell} \quad k = \frac{K}{K_0} \quad (9.53)$$

上記の関係を式（9.52）に代入すると，式（9.54）になる．

$$M_{AB} = 2EK_0 k(2\tau_A + \tau_B)$$
$$M_{BA} = 2EK_0 k(2\tau_B + \tau_A) \quad (9.54)$$

さらに，$2EK_0\tau_i = \phi_i$ とおくと，次式（9.55）のように簡略化される．

$$M_{AB} = k(2\phi_A + \phi_B)$$
$$M_{BA} = k(2\phi_B + \phi_A) \quad (9.55)$$

9.5.3 中間荷重がある場合のたわみ角法基本式

式（9.55）までで材端曲げモーメントが作用した場合のたわみ角法基本式を示したが，実際には図9.25に示したように部材の中間にも荷重が存在する．ここでは，中間荷重が作用する場合のたわみ角法基本式を説明する．

今，図9.28（a）に示すような等分布荷重が作用した単純梁を考える．この梁のモーメント分布は，図9.28（b）に示すようになる．ここで，A点からxの距離における曲げモーメントM_xは次式で与えられる．

$$M_x = \frac{w\ell}{2}x - \frac{w}{2}x^2$$

A点のたわみ角を求めるために9.3節で学習した仮想仕事法を使う．図9.28（c）に示すように仮想モーメント$\overline{M}=1$を作用させたときのA点からxの距離における曲げモーメントは次式となる．

$$\overline{M}_x = 1 - \frac{x}{\ell}$$

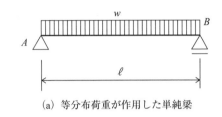

(a) 等分布荷重が作用した単純梁

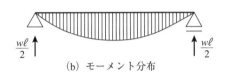

(b) モーメント分布

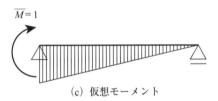

(c) 仮想モーメント

図9.28 単純梁（等分布荷重）

したがって，A点のたわみ角τ_{A1}は，次のように計算できる．

$$\tau_{A1} = \int_0^\ell \frac{M_x \overline{M}_x}{EI}dx = \frac{1}{EI}\int_0^\ell \left(\frac{w\ell}{2}x - \frac{w}{2}x^2\right)\left(1 - \frac{x}{\ell}\right)dx$$
$$= \frac{1}{EI}\left[\frac{w\ell}{4}x^2 - \frac{w}{3}x^3 + \frac{w}{8\ell}x^4\right]_0^\ell = \frac{w\ell^3}{24EI} \quad (9.56)$$

同様にB端のたわみ角τ_{B1}を求めると次のようになる．

$$\tau_{B1} = -\frac{w\ell^3}{24EI} \quad (9.57)$$

等分布荷重が作用したときのたわみ角法基本式は，図9.28の等分布荷重と図9.26の両端に曲げモーメントが作用したときのたわみ角との累加と考えればよい．ここでは両端に曲げモーメントが作用したときのたわみ角をτ_{A2}, τ_{B2}とすると，式（9.51）から次式となる．

$$\tau_{A2} = \frac{\ell}{6EI}(2M_{AB} - M_{BA})$$
$$\tau_{B2} = \frac{\ell}{6EI}(2M_{BA} - M_{AB}) \quad (9.58)$$

したがって，等分布荷重を考慮したたわみ角τ_A, τ_Bは，式（9.59）となる．

$$\tau_A = \tau_{A1} + \tau_{A2} = \frac{\ell}{6EI}(2M_{BA} - M_{BA}) + \frac{w\ell^3}{24EI}$$
$$\tau_B = \pi_{B1} + \tau_{B2} = \frac{1}{6EI}(2M_{BA} - M_{AB}) - \frac{w\ell^3}{24EI} \quad (9.59)$$

さらに，式（9.59）を曲げモーメントを求める式に変換すると式（9.60）となる．

$$M_{AB} = \frac{2EI}{\ell}(2\tau_A + \tau_B) - \frac{w\ell^2}{12}$$
$$M_{BA} = \frac{2EI}{\ell}(2\tau_B + \tau_A) + \frac{w\ell^2}{12}$$
(9.60)

式（9.60）の第2項は，固定端モーメントと呼び，中間荷重により定まる端部のモーメントである．つまり，式（9.60）の場合，図9.29に示すように等分布荷重が作用した両端固定の梁における材端モーメントとなる．いいかえると，図9.29（c）に示すように，固定端モーメントとは，中間荷重により材端たわみ角がゼロとなるように作用させる節点モーメントといえる．

一般的に固定端モーメントは，C_{AB}，C_{BA} と表す荷重項である．式(9.60)は，中間荷重が作用したときのたわみ角法基本式として式(9.61)のように与えられる．

$$M_{AB} = \frac{2EI}{\ell}(2\tau_A + \tau_B) + C_{AB}$$
$$M_{BA} = \frac{2EI}{\ell}(2\tau_B + \tau_A) + C_{BA}$$
(9.61)

式（9.55）と同じ表現で表すと，式（9.62）となる．

$$M_{AB} = k(2\phi_A + \phi_B) + C_{AB}$$
$$M_{BA} = k(2\phi_B + \phi_A) + C_{BA}$$
(9.62)

固定端モーメントは，中間荷重により変わる．代表的な中央集中荷重と等分布荷重の場合の固定端モーメントなど諸公式を表9.1に示す．

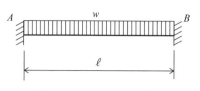
(a) 等分布荷重が作用した両端固定梁

(b) モーメント分布

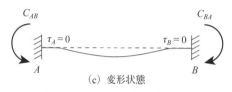
(c) 変形状態

図9.29　両端固定梁（等分布荷重）

9.5.4 節点方程式

一般的に建築構造物は多数の柱や梁部材などにより構成されている．それら部材と部材が接合している点や部材の支持点を総称して節点という．

図9.30（a）に示す4つの部材が接合する節点を考えてみよう．この節点には外力 M が作用していると仮定する．4つの部材の材端モーメント M_{OA}，M_{OB}，M_{OC}，M_{OD} と外力 M とは釣り合うので式(9.63)が成り立つ．

$$M_{OA} + M_{OB} + M_{OC} + M_{OD} = M \qquad (9.63)$$

節点における材端モーメントの合計と外力の釣り合いを表す式を節点方程式と呼ぶ．この節点方程式は，節点の数だけ存在するので，たわみ角法において未知数である材端回転角 ϕ を解くことができる．

9.5.5 分配率，到達モーメント

図9.31（a）のような架構を考える．架構を構成する部材の長さは異なるが，曲げ剛性 EI はすべて等しい．節点 O には外力として，曲げモーメント M が作用している．この架構についてたわみ角法による解法を考えてみよう．

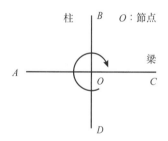
(a) 部材と節点

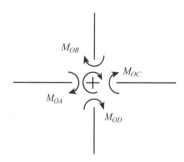
(b) 材端モーメントと外力

図9.30　節点の釣り合い

式 (9.53) に当てはめて剛比を考えてみる．部材長さが 3ℓ と長い部材を標準剛比 ($k=1$) とすると，それぞれの部材の剛比は長さ比で変わるので図9.31 (a) に示したような関係となる．節点Oにおける材端モーメントとたわみ角の関係式を考えると次式のようになる．

$$M_{OA} = k_{OA}(2\phi_O + \phi_A)$$
$$M_{OB} = k_{OB}(2\phi_O + \phi_B)$$
$$M_{OC} = k_{OC}(2\phi_O + \phi_C)$$

固定端では $\phi_A = \phi_B = \phi_C = 0$ であるから，上式は ϕ_O の式となる．

$$M_{OA} = 2k_{OA}\phi_O$$
$$M_{OB} = 2k_{OB}\phi_O \quad (9.64)$$
$$M_{OC} = 2k_{OC}\phi_O$$

節点Oの節点方程式は，下記の式となり，未知数ϕ_Oを求めることができる．

$$M_{OA} + M_{OB} + M_{OC} = 2(k_{OA} + k_{OB} + k_{OC})\phi_O = M$$
$$\therefore \phi_O = \frac{1}{2(k_{OA} + k_{OB} + k_{OC})}M$$

その結果，各部材のO端モーメントが次のように計算できる．

$$M_{OA} = \frac{k_{OA}}{k_{OA} + k_{OB} + k_{OC}}M$$
$$M_{OB} = \frac{k_{OB}}{k_{OA} + k_{OB} + k_{OC}}M \quad (9.65)$$
$$M_{OC} = \frac{k_{OC}}{k_{OA} + k_{OB} + k_{OC}}M$$

上記式から各部材のO端の材端モーメントは，節点Oに接続する部材の剛比に応じて分配されていることがわかる．各部材に分配される比率のことを**分配率**という．分配率は，式 (9.65) からもわかるように，次式で与えられる．

$$分配率 = \frac{分配を考える部材の剛比}{\sum 節点に接続する部材の剛比} \quad (9.66)$$

つぎに，各部材の固定端についてそれぞれのたわみ角式を考えてみよう．$\phi_A = \phi_B = \phi_C = 0$ であることに注意する．

$$M_{AO} = k_{OA}(2\phi_A + \phi_O) = k_{OA}\phi_O$$
$$M_{BO} = k_{OB}(2\phi_B + \phi_O) = k_{OB}\phi_O \quad (9.67)$$
$$M_{CO} = k_{OC}(2\phi_C + \phi_O) = k_{OC}\phi_O$$

ここで，式 (9.64) と式 (9.67) を比較してみよう．各部材の固定端側の材端モーメントは，分配されたモーメントの半分$1/2$になっている．このことから，節点で分配されたモーメントは，固定端に$1/2$だけ伝達する，ということがわかる．この伝達されたモーメントを**到達モーメント**といい，伝達された比率$1/2$を到達率という．

以上から，各部材の材端モーメントが求められ，各部材に作用するせん断力も計算できる．

$$M_{OA} = 2k_{OA}\phi_O = \frac{2 \times 3 \times M}{12} = \frac{M}{2}$$

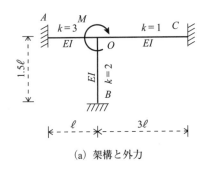

(a) 架構と外力

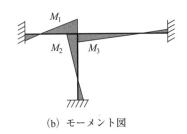

(b) モーメント図

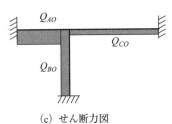

(c) せん断力図

図9.31 節点の応力分配

$$M_{OB} = 2k_{OB}\phi_O = \frac{2\times 2\times M}{12} = \frac{M}{3}$$

$$M_{OC} = 2k_{OC}\phi_O = \frac{2\times 1\times M}{12} = \frac{M}{6}$$

$$M_{AO} = k_{OA}\phi_O = \frac{3\times M}{12} = \frac{M}{4}$$

$$M_{BO} = k_{OB}\phi_O = \frac{2\times M}{12} = \frac{M}{6}$$

$$M_{CO} = k_{OC}\phi_O = \frac{1\times M}{12} = \frac{M}{12}$$

$$Q_{AO} = \frac{M_{AO}+M_{OA}}{\ell} = \frac{3M}{4\ell}$$

$$Q_{BO} = \frac{M_{BO}+M_{OB}}{1.5\ell} = \frac{4M}{9\ell}$$

$$Q_{CO} = \frac{M_{CO}+M_{OC}}{3\ell} = \frac{7M}{36\ell}$$

【例題 9.6】 図 9.32 に示すラーメンのモーメント図，せん断力図をたわみ角法により求めなさい．部材の剛比は，図に示すように梁が $k=2$，柱が $k=3$ である．

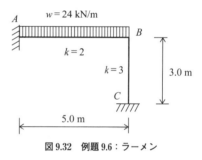

図 9.32 例題 9.6：ラーメン

〈解答〉 梁 AB の固定端モーメント C_{AB}, C_{BA} は，次のように計算できる．

$$C_{AB} = -C_{BA} = -\frac{w\ell^2}{12} = -\frac{24\times 5^2}{12} = -50.0\,[\text{kNm}]$$

次に AB 材の材端モーメント M_{AB}, M_{BA} は，A 端が固定なので $\phi_A = 0$ となり，次式のように表せる．

$$M_{AB} = k_{AB}(2\phi_A + \phi_B) + C_{AB} = 2(2\phi_A + \phi_B) - 50 = 2\phi_B - 50$$
$$M_{BA} = k_{AB}(2\phi_B + \phi_A) + C_{BA} = 2(2\phi_B + \phi_A) + 50 = 4\phi_B + 50$$

同様に，BC 材の材端モーメント M_{BC}, M_{CB} は，C 端が固定なので $\phi_C = 0$ となり，次式のように表せる．

$$M_{BC} = k_{BC}(2\phi_B + \phi_C) = 3(2\phi_B + \phi_C) = 6\phi_B$$
$$M_{CB} = k_{BC}(2\phi_C + \phi_B) = 3(2\phi_C + \phi_B) = 3\phi_B$$

節点 B における節点方程式を考えると，節点 B には外力モーメントが作用していないので，次のようになる．

$$M_{BA} + M_{BC} = 4\phi_B + 50 + 6\phi_B$$
$$= 10\phi_B + 50 = 0$$

したがって，

$$\phi_B = -5\,[\text{kNm}]$$

この値をそれぞれの材端モーメントの式に代入すると，材端モーメントが求められる．

$$M_{AB} = 2\phi_B - 50 = -60\,[\text{kNm}]$$
$$M_{BA} = 4\phi_B + 50 = 30\,[\text{kNm}]$$
$$M_{BC} = 6\phi_B = -30\,[\text{kNm}]$$
$$M_{CB} = 3\phi_B = -15\,[\text{kNm}]$$

部材 AB には等分布荷重が作用しているので，中央部のモーメント M_o を計算する．

$$M_O = \frac{w\ell^2}{8} + \frac{M_{AB} - M_{BA}}{2} = \frac{24 \times 5^2}{8} + \frac{-60 - 30}{2}$$
$$= 75 - 45 = 30 [\text{kNm}]$$

梁 AB 材と柱 BC 材のせん断力を計算する．A 端から距離 x におけるせん断力は，次式のように表せる．

$$Q_{AB(x)} = Q_0 - \frac{M_{AB} + M_{BA}}{\ell} - 24x = \frac{24 \times 5}{2} - \frac{-60 + 30}{5} - 24x$$
$$= 66 - 24x [\text{kN}]$$

したがって，A 端のせん断力は $x = 0$ [m]，B 端のせん断力は $x = 5$ [m] を上式に代入することで得られる．

$$Q_{AB} = 66 [\text{kN}]$$
$$Q_{BA} = 66 - 24 \times 5 = -54 [\text{kN}]$$

柱 BC 材のせん断力は下式のように求められる．

$$Q_{BC} = \frac{M_{BC} + M_{CB}}{h} = \frac{30 + 15}{3} = 15 [\text{kN}]$$

以上より，モーメント図およびせん断力図は，図 9.33 (a)，(b) のようになる．

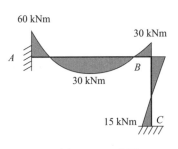

(a) モーメント図

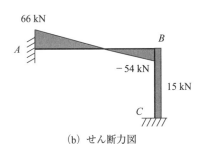

(b) せん断力図

図 9.33　例題 9.6 の M 図，Q 図

【例題 9.7】 図 9.34 に示すラーメンのモーメント図，せん断力図をたわみ角法により求めなさい．部材の剛比は，例題 9.6 と同じで梁が $k = 2$，柱が $k = 3$ である．例題 9.6 とは A 端が固定端からピン支承となり，支持条件が異なる．

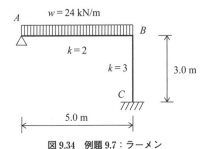

図 9.34　例題 9.7：ラーメン

〈解答〉 A 端が固定端からピン支承となったので，A 端のモーメントは 0 である．このような場合の梁 AB の固定端モーメントを考えるには，一度，固定端として考え A 端についてモーメントを解放することを考える．まず，AB 端ともに固定と考えたときの固定端モーメントは下式で与えられる．

$$C_{AB} = -C_{BA} = -\frac{w\ell^2}{12} = -\frac{24 \times 5^2}{12} = -50.0 [\text{kNm}]$$

A 端の固定端モーメント $C_{AB} = -50$ [kN·m] を解放するので，解放モーメントは $-C_{AB} = 50$ [kN·m] となる．解放されたモーメントは，その 1/2 が他端に伝達するので，伝達モーメントは 25 [kN·m] である．

以上から，一端ピン支承の固定端モーメント C'_{BA} は次式のように表せる．

$$C'_{BA} = \frac{w\ell^2}{12} + \frac{-C_{AB}}{2} = \frac{24 \times 5^2}{12} + \frac{1}{2} \cdot \frac{(-24 \times 5^2)}{12} = 75.0 [\text{kNm}]$$

次に AB 材の材端モーメント M_{AB}，M_{BA} において，A 端はピン支承なので $M_{AB} = 0$ となり，次式のように表せる．

$$M_{AB} = k_{AB}(2\phi_A + \phi_B) + C_{AB} = 2(2\phi_A + \phi_B) = 4\phi_A + 2\phi_B = 0$$

上式から ϕ_A は下記となる．

$$\phi_A = -0.5\phi_B$$

M_{BA} の式を作ると，

$$M_{BA} = k_{AB}(2\phi_B + \phi_A) + C'_{BA} = 2(1.5\phi_B) + 75 = 3\phi_B + 75$$

BC 材の材端モーメント M_{BC}, M_{CB} は，例題 9.6 と同じである．

$$M_{BC} = k_{BC}(2\phi_B + \phi_C) = 3(2\phi_B + \phi_C) = 6\phi_B$$
$$M_{CB} = k_{BC}(2\phi_C + \phi_B) = 3(2\phi_C + \phi_B) = 3\phi_B$$

節点 B における節点方程式は，次のようになる．

$$M_{BA} + M_{BC} = 3\phi_B + 75 + 6\phi_B = 9\phi_B + 75 = 0$$

したがって，

$$\phi_B = -8.3 \text{ [kNm]}$$

この値をそれぞれの材端モーメントの式に代入すると，材端モーメントが求められる．

$$M_{BA} = 3\phi_B + 75 = 50 \text{ [kNm]}$$
$$M_{BC} = 6\phi_B = -50 \text{ [kNm]}$$
$$M_{CB} = 3\phi_B = -25 \text{ [kNm]}$$

中央部のモーメント M_o は以下のように求められる．

$$M_O = \frac{w\ell^2}{8} + \frac{M_{AB} - M_{BA}}{2} = \frac{24 \times 5^2}{8} - \frac{0 + 50}{2}$$
$$= 75 - 25 = 50 \text{ [kN·m]}$$

梁 AB 材と柱 BC 材のせん断力を計算する．A 端から距離 x におけるせん断力は，次式で与える．

$$Q_{AB(x)} = Q_0 - \frac{M_{AB} + M_{BA}}{\ell} - 24x = \frac{24 \times 5}{2} - \frac{0 + 50}{5} - 24x$$
$$= 50 - 24x \text{ [kN]}$$

したがって，A 端のせん断力は $x = 0$ [m]，B 端のせん断力は $x = 5$ [m] を上式に代入することで得られる．

$$Q_{AB} = 50 \text{ [kN]}$$
$$Q_{BA} = 50 - 24 \times 5 = -70 \text{ [kN]}$$

柱 BC 材のせん断力は下式のように求められる．

$$Q_{BC} = \frac{M_{BC} + M_{CB}}{h} = \frac{50 + 25}{3} = 25 \text{ [kN]}$$

以上より，モーメント図およびせん断力図は，図 9.36（a）および（b）のようになる．

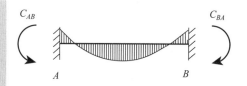

(a) 梁 AB と材端応力

(b) A 端固定モーメントの解放

(c) モーメント分布図

図 9.35 梁のモーメント考え方

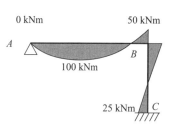

(a) モーメント図

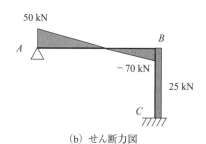

(b) せん断力図

図 9.36 例題 9.7 の M 図, Q 図

9.5.6 有効剛比

両端固定（例題 9.6 参照）と一端ピン支承（例題 9.7）とで M_{BA} の式を比較してみる．B 端から考えた A 端の支持条件により式が変わったことがわかる．

$$M_{BA} = k_{AB}(2\phi_B + \phi_A) + C_{BA} = 2(2\phi_B + \phi_A) + 50 = 4\phi_B + 50$$
$$M_{BA} = k_{AB}(2\phi_B + \phi_A) + C'_{BA} = 2(1.5\phi_B) + 75 = 3\phi_B + 75$$

これらの式で中間荷重項の C_{BA}，C'_{BA} は無視し，ϕ_B に関する項だけに着目する．

両端固定の場合　　　$2(2\phi_B)$
一端ピンの場合　　　$2(1.5\phi_B)$

上記から ϕ_B に関する係数が，一端ピンの場合，3/4 倍となっていることがわかる．M_{BA} の式の ϕ_B に関する部分を書き換えると，

$$k_{AB}(2\phi_B+\phi_A)=k_{AB}(1.5\phi_B)=\frac{3}{4}k_{AB}(2\phi_B)$$

となる．$(3/4)k_{AB}$ を一端ピンの場合の**有効剛比**という．

このような有効剛比は，表 9.2 に示すように他にもある．この有効剛比を用いると，たわみ角法の解法が容易になる．これらの有効剛比は，最も単純なたわみ角式から誘導できる．図 9.37 に示すように中間荷重がない梁の他端固定のたわみ角式を考える．$\phi_B=0$ なので式（9.68）となる．

$$M_{AB}=k_{AB}(2\phi_A+\phi_B)=k_{AB}(2\phi_A) \quad (9.68)$$

次に他端ピンの場合のたわみ角式を考える．例題 9.7 で解いたように $\phi_B=-0.5\phi_A$ なので式（9.69）となる．

$$M_{AB}=k_{AB}(2\phi_A+\phi_B)=k_{AB}(1.5\phi_A)=\frac{3}{4}k_{AB}(2\phi_A) \quad (9.69)$$

次に変形状態による有効剛比を考えてみよう．**逆対称**で反曲点が中央の場合，$\phi_B=\phi_A$ なので式（9.70）となる．

$$M_{AB}=k_{AB}(2\phi_A+\phi_B)=k_{AB}(3\phi_A)=\frac{3}{2}k_{AB}(2\phi_A) \quad (9.70)$$

さらに，両端の回転角が対称な状態では，$\phi_B=-\phi_A$ なので式（9.71）となる．

$$M_{AB}=k_{AB}(2\phi_A+\phi_B)=k_{AB}(\phi_A)=\frac{1}{2}k_{AB}(2\phi_A) \quad (9.71)$$

これらの有効剛比は，第 10 章で学習する節点移動があるときのたわみ角法や固定法に使われる．図 9.38（a）に逆対称変形の例を，図 9.38（b）に対称変形の例を示す．

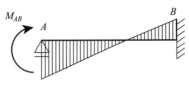

図 9.37 他端固定

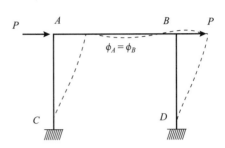

（a）逆対称変形の例

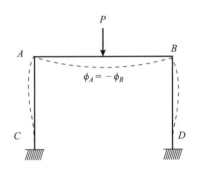

（b）対称変形の例

図 9.38 変形状態による有効剛比

表 9.1 中央集中荷重と等分布荷重諸公式

	P の場合	w の場合
モーメント分布		
せん断力分布		
反力	$\dfrac{P}{2}$	$\dfrac{w\ell}{2}$
せん断力	$Q_x = \dfrac{P}{2} \quad 0 \leqq x \leqq \dfrac{\ell}{2}$ $Q_x = -\dfrac{P}{2} \quad \dfrac{\ell}{2} \leqq x \leqq \ell$	$Q_x = \dfrac{w\ell}{2} - wx$
曲げモーメント	$M_x = \dfrac{P\ell}{8} + \dfrac{P}{2}x \quad 0 \leqq x \leqq \dfrac{\ell}{2}$ $M_x = \dfrac{3P\ell}{8} - \dfrac{P}{2}x \quad \dfrac{\ell}{2} \leqq x \leqq \ell$ $M_O = \dfrac{P\ell}{4}$	$M_x = \dfrac{w}{2}(\ell x - x^2) - \dfrac{w\ell^2}{12}$ $M_o = \dfrac{w\ell^2}{8}$
固定端モーメント	$C_{AB} = -\dfrac{P\ell}{8}$ $C_{BA} = \dfrac{P\ell}{8}$	$C_{AB} = -\dfrac{w\ell^2}{12}$ $C_{BA} = \dfrac{w\ell^2}{12}$
中央変形	$\delta = \dfrac{P\ell^3}{192EI}$	$\delta = \dfrac{w\ell^4}{384EI}$

表 9.2 有効剛比

	条件		曲げモーメント分布	有効剛比
支持	他端ピン	$M_{BA} = 0$		$\dfrac{3}{4}k$
	他端固定	$M_{BA} \neq 0$		k
変形	反曲点が中央	$\theta_{AB} = \theta_{BA}$ $M_{AB} = M_{BA}$		$\dfrac{3}{2}k$
	回転角が対称 （モーメント一定）	$\theta_{AB} = -\theta_{BA}$ $M_{AB} = -M_{BA}$		$\dfrac{1}{2}k$

第10章 不静定ラーメンの解法

この章では不静定ラーメンの解法として、たわみ角法と固定法を用いた場合について説明する．

10.1 たわみ角法

節点移動がない場合の**たわみ角法**については、9.5節で学習した．ここでは、節点移動がある場合のたわみ角法について学ぶ．たわみ角法の基本式は、節点移動がない場合と同じである．

図10.1に図9.25を再掲する．梁 AB に荷重 w や P_i が作用したときの材端応力を表したものである．材端モーメント M_{AB}, M_{BA}, 材端せん断力 Q_{AB}, Q_{BA} は図に示す矢印方向、時計まわりを正とする．荷重により梁 AB が変形した状態、梁 $A'B'$ を図10.1（b）に示す．θ_A と θ_B は、材端 A, B における部材接線と変形前の材軸とのなす角で、これを**節点回転角**という．**材端たわみ角** τ_A と τ_B は、節点回転角 θ_A, θ_B から部材角 R を引いたものである．**部材角** R は、変形前の材軸と変形後の材軸の回転量なので、AB 点で等しい．これら材端の回転角は、応力と同様に時計まわりを正とする．

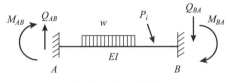

(a) 梁 AB と材端応力

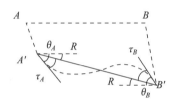

(b) 材端変位

図10.1 材端力と材端変位

一般的には図10.1のように部材角 R が生じたときのたわみ角と節点回転角、部材角との間には式（10.1）の関係がある．

$$\tau_A = \theta_A - R$$
$$\tau_B = \theta_B - R \tag{10.1}$$

式（10.1）を第9章で示した式（9.52）に代入すると、式（10.2）が得られる．

$$M_{AB} = \frac{2EI}{\ell}(2\theta_A + \theta_B - 3R)$$
$$M_{BA} = \frac{2EI}{\ell}(2\theta_B + \theta_A - 3R) \tag{10.2}$$

材端モーメント M_{AB}, M_{BA} は、節点回転角と部材角で表すことができる．さらに、図10.1（a）では梁中間部に荷重が作用しているので、固定端モーメントが発生する．この固定端モーメントを式（9.61）と同じように式（10.2）に加えた次式（10.3）が、図10.1（a）の梁のたわみ角式である．

$$M_{AB} = \frac{2EI}{\ell}(2\theta_A + \theta_B - 3R) + C_{AB}$$
$$M_{BA} = \frac{2EI}{\ell}(2\theta_B + \theta_A - 3R) + C_{BA} \tag{10.3}$$

さらに、上記式（10.3）を式（9.55）のように剛性 k, $2EK_o\theta_i = \phi_i$,

$-6EK_0R = \psi$ と表現して簡略化すると，式（10.4）のように表すことができる．

$$M_{AB} = k(2\phi_A + \phi_B + \psi) + C_{AB}$$
$$M_{BA} = k(2\phi_B + \phi_A + \psi) + C_{BA}$$
(10.4)

10.1.1 層方程式

図 10.2（a）に示すように連層のラーメン構造物が水平力を受け変形した場合を考えてみよう．水平力が作用したラーメンは各層で水平変位を生じるので，節点が移動するため柱に部材角（1階を R_1，2階を R_2 とする）が発生する．ただし，梁には部材角は生じない．図 9.26（a）の架構の柱梁部材のモーメント分布とせん断力（1階を Q_{1A}, Q_{1B}, 2階を Q_{2A}, Q_{2B} とする）は図 10.2（b）となる．各層の水平力（**層せん断力**）とせん断力との関係は，式（10.5）となる．

$$P_2 = Q_{2A} + Q_{2B}$$
$$P_2 + P_1 = Q_{1A} + Q_{1B}$$
(10.5)

これを**層方程式**という．また，各柱の柱頭・柱脚の材端モーメントとせん断力の関係は，式（10.6）で表せる．なお，材端モーメントの左添え字の T は柱頭を，B は柱脚を意味する．

$$Q_{2A} = -\frac{{}_TM_{2A} + {}_BM_{2A}}{h_2}$$
$$Q_{2B} = -\frac{{}_TM_{2B} + {}_BM_{2B}}{h_2}$$
$$Q_{1A} = -\frac{{}_TM_{1A} + {}_BM_{1A}}{h_1}$$
$$Q_{1B} = -\frac{{}_TM_{1B} + {}_BM_{1B}}{h_1}$$
(10.6)

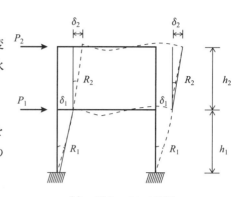

(a) 2層ラーメンの変形

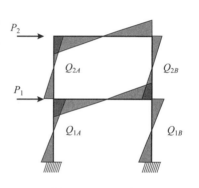

(b) モーメント分布・せん断力

図 10.2　2層1スパンラーメン

式（10.5）と式（10.6）から，**層せん断力**と材端モーメントの関係式（10.7）が得られる．

$$P_2 = Q_{2A} + Q_{2B}$$
$$= -\frac{{}_TM_{2A} + {}_BM_{2A} + {}_TM_{2B} + {}_BM_{2B}}{h_2}$$
$$P_2 + P_1 = Q_{1A} + Q_{1B}$$
$$= -\frac{{}_TM_{1A} + {}_BM_{1A} + {}_TM_{1B} + {}_BM_{1B}}{h_1}$$
(10.7)

式（10.7）の両辺に階高を乗じて変形すると，式（10.8）となる．

$$P_2 h_2 = -({}_TM_{2A} + BM_{2A} + {}_TM_{2B} + {}_BM_{2B}) = M_2$$
$$(P_2 + P_1)h_1 = -({}_TM_{1A} + {}_BM_{1A} + {}_TM_{1B} + {}_BM_{1B}) = M_1$$
(10.8)

これは層全体のモーメントを表しているので，M_1, M_2 を**層モーメント**と呼ぶ．

【例題 10.1】 図 10.3 に示すラーメン構造物に水平力 $P = 260 \text{ kN}$ が作用したときのモーメント図，せん断力図を求めなさい．

〈解答〉

このラーメン構造物は、同じ長さ・同じ剛比を持つ2本の柱で構成されている。したがって、柱ABと柱CDは同じせん断力を負担し、例題10.1の変形は図10.3（b）のようになる。このような変形状態を**逆対称変形**という。逆対称変形した架構の梁部材では、両端部の節点回転角は等しくなる。つまり、この例題の場合、$\phi_B = \phi_C$ が成立する。また、柱には部材角が生じるが、梁には部材角が生じない。これらの条件を考慮した材端モーメントを式で表すと、以下のようになる。

$$M_{AB} = 2(2\phi_A + \phi_B + \psi) = 2\phi_B + 2\psi$$
$$M_{BA} = 2(2\phi_B + \phi_A + \psi) = 4\phi_B + 2\psi$$
$$M_{BC} = 4(2\phi_B + \phi_C + \psi) = 12\phi_B$$

次に節点Bにおける節点方程式を考えると、節点に作用する曲げモーメントはないので、次式が成立する。

$$M_{BA} + M_{BC} = 16\phi_B + 2\psi = 0$$

さらに、層方程式を考える。柱ABと柱CDの負担せん断力は同じなので、柱ABについて層方程式をつくる。

$$Q_{AB} = -\frac{M_{AB} + M_{BA}}{h} = -\frac{6\phi_B + 4\psi}{4} = 130 \,[\text{kN}]$$

2つの未知数に対して、連立方程式が立てられたので、ϕ_B と ψ について解くことができる。

$$\phi_B = 20\,[\text{kNm}], \quad \psi = -160\,[\text{kNm}]$$

したがって、材端モーメントは次のように算出できる。

$$M_{AB} = 2\phi_B + 2\psi = 40 - 320 = -280\,[\text{kNm}]$$
$$M_{BA} = 4\phi_B + 2\psi = 80 - 320 = -240\,[\text{kNm}]$$
$$M_{BC} = 12\phi_B = 240\,[\text{kN·m}]$$

柱AB材および梁BC材のせん断力は、以下のように計算できる。

$$Q_{AB} = -\frac{M_{AB} + M_{BA}}{h} = -\frac{-280 - 240}{4} = 130\,[\text{kN}]$$
$$Q_{BC} = -\frac{M_{BC} + M_{CB}}{\ell} = -\frac{240 + 240}{6} = -80\,[\text{kN}]$$

これら計算結果から、モーメント図、せん断力図は図10.3（c），（d）のようになる。

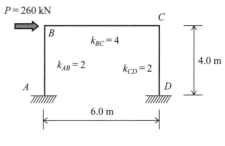

(a) ラーメン構造物

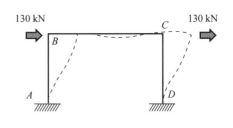

(b) 変形

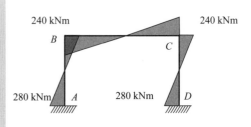

(c) M図

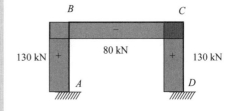

(d) Q図

図10.3 例題10.1：ラーメン構造物

例題10.1のように逆対称変形で、柱の剛比が同じ場合、左右対称なので架構の半分についてのみ解けばよいことがわかる。架構が地震力のような水平力を受けると、図10.4のように逆対称に変形する。また、その曲げモーメント図は、図10.4のような分布形となる。逆対称の変形、曲げモーメント分布は、梁も同じである。図10.4の曲げモーメントの場合、反時計まわりの方向なので、マイナス方向である。このように曲げモーメント分布が逆対称となる場合のせん断力は次式で計算できる。

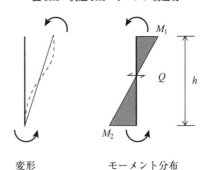

変形　　モーメント分布

図10.4 逆対称変形

$$Q_{AB} = -\frac{M_1 + M_2}{h}$$

モーメント分布でモーメントがゼロになるところが存在する。この点を**反曲点**といい、脚部から反曲点までの高さを**反曲点高さ**とい

う．また，柱の高さに対する反曲点高さの比を反曲点高比といい，一般的に記号 y で表す．反曲点高比 $y=1.0$ のときは反曲点が柱頭にあることを意味し（図 10.5（a）），反曲点高比 $y=0.5$（図 10.5（c））のときは反曲点が柱高さの中間にあることを意味する．反曲点高比は，柱頭と柱脚のモーメント和に対する柱脚のモーメントの比率である．

(a) $y=1.0$ (b) $y=0.54$ (c) $y=0.5$

図 10.5 反曲点高比

例題 10.1 の柱の反曲点高比を計算してみよう．例題 10.1 の柱頭のモーメントは -240 kNm，柱脚のモーメントは -280 kNm なので次のようになる（図 10.5（b））．

$$y = \frac{-280}{-240-280} = 0.54$$

では，この反曲点高比 y はどのように変化するのだろうか．

上記の例題 10.1 における梁の剛比を変えてみる．最初に k_{BC} を 1/2，つまり $k_{BC}=2$ としてみる．柱の材端モーメント式は変わらない．

$$M_{BC} = 2(2\phi_B + \phi_C + \psi) = 6\phi_B$$

となるので，節点方程式，層方程式は次のようになる．

$$M_{BA} + M_{BC} = 10\phi_B + 2\psi = 0$$

また，層方程式は梁 BC の影響を受けないので前述と同じ式で表せる．

$$Q_{AB} = -\frac{6\phi_B + 4\psi}{4} = 130 [\text{kN}]$$

節点方程式と層方程式からなる連立方程式を ϕ_B と ψ について解くと，

$$\phi_B = 37.1 [\text{kN·m}] \quad \psi = -185.7 [\text{kNm}]$$

よって，各材端モーメントは次のようになる．

$$M_{AB} = 2\phi_B + 2\psi = 74.2 - 371.4 = -297.2 [\text{kNm}]$$
$$M_{BA} = 4\phi_B + 2\psi = 148.4 - 371.4 = -223.0 [\text{kNm}]$$
$$M_{BC} = 6\phi_B = 222.6 [\text{kNm}]$$

反曲点高比 y は次のようになる．

$$y = \frac{-297.2}{-297.2-223.0} = 0.57$$

梁の剛比が 1/2 になると，反曲点高比は 0.54 から 0.57 へと大きくなった．

では，梁 BC の剛比が 5 倍，$k_{BC}=20$ になったらどう変化するであろうか．同じように計算する．

$$M_{BC} = 20(2\phi_B + \phi_C + \psi) = 60\phi_B$$

となるので，節点方程式，層方程式は次のようになる．

$$M_{BA} + M_{BC} = 64\phi_B + 2\psi = 0$$

また，層方程式は変わらない．

$$Q_{AB} = -\frac{6\phi_B + 4\psi}{4} = 130 [\text{kN}]$$

節点方程式と層方程式から成る連立方程式を ϕ_B と ψ について解くと，

$$\phi_B = 4.3 \text{ [kNm]}, \quad \psi = -136.4 \text{ [kNm]}$$

よって，各材端モーメントは次のようになる．

$$M_{AB} = 2\phi_B + 2\psi = 8.6 - 272.8 = -264.2 \text{ [kNm]}$$
$$M_{BA} = 4\phi_B + 2\psi = 17.2 - 272.8 = -255.6 \text{ [kNm]}$$
$$M_{BC} = 6\phi_B = 25.8 \text{ [kNm]}$$

反曲点高比 y は次のようになる．

$$y = \frac{-264.2}{-264.2 - 255.6} = 0.51$$

梁の剛比が5倍になると，反曲点高比は0.54から0.51へと小さくなった．

以上をまとめると，反曲点高比は，柱に取り付く梁の剛比が小さくなると大きくなり，梁の剛比が大きくなると小さくなることがわかる．梁の剛比がゼロ（片持ち梁と同じ状態）になると，反曲点は柱頭（$y=1.0$）となり，梁の剛比が∞になると，反曲点は中央1/2の点（$y=0.5$）となる．

10.1.2 左右で柱高さが異なるラーメンの解法

図10.6に示す左右で柱高さが異なるラーメンに水平力が作用したときの解法を考える．梁の伸縮はなく，部材角も生じないので，$\delta_B = \delta_C$ が成り立つ．

柱AB材の部材角をR，柱CD材の部材角をR'とすると，式(10.8)のようにR'は，Rに関する高さの比で表せる．

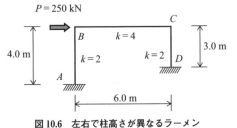

図10.6 左右で柱高さが異なるラーメン

$$R = \frac{\delta_B}{h_{AB}} \Rightarrow \delta_B = R h_{AB}$$
$$R' = \frac{\delta_C}{h_{CD}} = \frac{R h_{AB}}{h_{CD}} = \frac{h_{AB}}{h_{CD}} R \quad (10.8)$$

したがって，図10.6の場合，$R' = 4R/3$ となる．

各部材の材端モーメントを求める．

$$M_{AB} = k_{AB}(2\phi_A + \phi_B + \psi) = 2\phi_B + 2\psi$$
$$M_{BA} = k_{AB}(2\phi_B + \phi_A + \psi) = 4\phi_B + 2\psi$$
$$M_{BC} = k_{BC}(2\phi_B + \phi_C) = 8\phi_B + 4\phi_C$$
$$M_{CB} = k_{BC}(2\phi_C + \phi_B) = 4\phi_B + 8\phi_C$$

$$M_{CD} = k_{CD}(2\phi_C + \phi_D + \psi') = 4\phi_C + 2\psi' = 4\phi_C + \frac{8\psi}{3}$$
$$M_{DC} = k_{CD}(2\phi_D + \phi_C + \psi') = 2\phi_C + 2\psi' = 2\phi_C + \frac{8\psi}{3}$$

次に節点方程式を計算する．

$$M_{BA} + M_{BC} = 4\phi_B + 2\psi + 8\phi_B + 4\phi_C$$
$$= 12\phi_B + 4\phi_C + 2\psi = 0 \quad (10.9)$$

$$M_{CB} + M_{CD} = 4\phi_B + 8\phi_C + 4\phi_C + \frac{8\psi}{3}$$
$$= 4\phi_B + 12\phi_C + \frac{8\psi}{3} = 0 \quad (10.10)$$

続いて，層方程式を計算する．

$$\frac{M_{AB}+M_{BA}}{h_{AB}}+\frac{M_{CD}+M_{DC}}{h_{CD}}=\frac{6\phi_B+4\psi}{4}+\frac{6\phi_C+\frac{16\psi}{3}}{3}=-250$$

$$1.5\phi_B+2\phi_C+\frac{25}{9}\psi=-250 \qquad (10.11)$$

式 (10.9), (10.10), (10.11) から, ϕ_B, ϕ_C, ψ について解くと,
$$\phi_B=11.6, \ \phi_C=20.9, \ \psi=-111.3\,[\text{kNm}]$$
これらを各材端モーメントの式に代入して材端モーメントが求められる.

$$M_{AB}=2\phi_B+2\psi=-199\,[\text{kNm}]$$
$$M_{BA}=4\phi_B+2\psi=-176\,[\text{kNm}]$$
$$M_{BC}=8\phi_B+4\phi_C=176\,[\text{kNm}]$$
$$M_{CB}=4\phi_B+8\phi_C=213\,[\text{kNm}]$$
$$M_{CD}=4\phi_C+8\psi/3=-213\,[\text{kNm}]$$
$$M_{DC}=2\phi_C+8\psi/3=-255\,[\text{kNm}]$$

柱 $AB \cdot CD$ 材および梁 BC 材のせん断力は以下のように計算できる.

$$Q_{AB}=-\frac{M_{AB}+M_{BA}}{h}=-\frac{-199-176}{4}=94\,[\text{kN}]$$
$$Q_{CD}=-\frac{M_{CD}+M_{DC}}{h_{CD}}=-\frac{-255-213}{3}=156\,[\text{kN}]$$
$$Q_{BC}=-\frac{M_{BC}+M_{CB}}{\ell}=-\frac{176+213}{6}=-65\,[\text{kN}]$$

これら計算結果から, モーメント図, せん断力図は図10.7のようになる. 柱高さの長さにより負担せん断力が変化することがわかる. 柱剛比が等しい場合, 柱高さの低い方が負担せん断力が大きくなる.

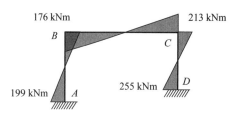

(a) M 図

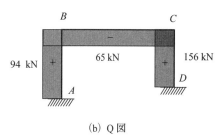

(b) Q 図

図 10.7 柱高さの異なるラーメン

10.1.3 多層多スパン骨組の解法

多層多スパン骨組でもたわみ角法で解くことができる. 図10.8のような骨組を考える. 簡単のために, 2スパンの長さ・剛比は等しく, かつ, 各層で2スパンの梁に作用する中間荷重は対称であると仮定する. すると, 3本ある柱の中央で対称なので, 半分だけ解けばよいことになる.

材端モーメントを作成する.

$$M_{AC}=k_{C1}(\phi_C)$$
$$M_{CA}=k_{C1}(2\phi_C)$$
$$M_{CD}=k_{B1}(2\phi_C+\phi_D)+C_{CD}$$
$$M_{CE}=k_{C2}(2\phi_C+\phi_E)$$
$$M_{EC}=k_{C2}(2\phi_E+\phi_C)$$
$$M_{EF}=k_{B2}(2\phi_E+\phi_F)+C_{EF}$$
$$M_{EG}=k_{C3}(2\phi_E+\phi_G)$$
$$M_{GE}=k_{C3}(2\phi_G)$$
$$M_{GH}=k_{B3}(2\phi_G+\phi_H)+C_{GH}$$

節点方程式を作る.
$$M_{GE}+M_{GH}=2(k_{C3}+k_{B3})\phi_G+k_{C3}\phi_H+C_{GH}=0$$

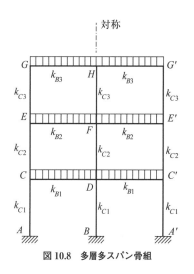

図 10.8 多層多スパン骨組

$$M_{EC} + M_{EG} + M_{EF} = k_{C3}\phi_G + 2(k_{C3} + k_{C2} + k_{B2})\phi_E + k_{C2}\phi_C + C_{EF} = 0$$
$$M_{CA} + M_{CE} + M_{CD} = k_{C2}\phi_E + 2(k_{C2} + k_{C1} + k_{B1})\phi_C + C_{CD} = 0$$

このように，節点方程式は機械的に作成することができる．マトリックス表示すると，表10.1のように表現できる．

このマトリックスから以下のことがわかる．

・各節点ともにその節点のたわみ角は，その節点に接続する部材の剛比の和の2倍

・各節点の隣の節点の影響は，隣の節点のたわみ角に剛比を乗じた値

層数，スパン数にかかわらず，節点方程式は機械的に作成することができる．この原理を応用した高次の不静定ラーメンに関する解法研究が進められたが，連立方程式を解かなければならないので，不静定次数が多いラーメンにとってはあまり実用的ではなかった．

表10.1 節点方程式のマトリックス化

左辺			右辺
ϕ_G	ϕ_E	ϕ_C	
$2(k_{C3} + k_{B3})$	k_{C3}		$-C_{GH}$
k_{C3}	$2(k_{C3} + k_{C2} + k_{B2})$	k_{C2}	$-C_{EF}$
	k_{C2}	$2(k_{C2} + k_{C1} + k_{B1})$	$-C_{CD}$

10.2 固定モーメント法

固定モーメント法（fixed end moment method）は，1932年にクロス（H. Cross）により提案された建築構造物の実用的解法の1つである．この方法は，変形量を取り扱わずに不静定ラーメンや連続梁などの曲げモーメントの近似解を図解的に解けるので，非常に実用的である．

特徴を以下に示す．

・節点回転角や部材回転角を直接求めることなく，材端モーメントを繰り返し計算によって近似的に求めることができる．

・節点を拘束された固定とみなし固定端モーメントを求め，それを順次解除し，何度か繰り返し計算した結果を合成（足し算）したものが近似解となる．

・不釣り合い力がある程度，収束したら反復計算終了を意味する．

10.2.1 固定モーメント法で用いる定理

固定モーメント法は，たわみ角法で学修した解法定理を利用した図解法である．

（a）モーメントの分配

節点に作用する曲げモーメントは，節点に接合する剛比に応じて分配される．

（b）到達モーメント

分配された曲げモーメントは，他端に1/2が伝達する．

（c）拘束の解放

拘束を解法するときには，もっていた曲げモーメントと逆符号（−1倍）のモーメントを考える．

10.2.2 図式解法

図10.9に図式解法の基本となる節点の計算表を示す．1つの節点は4列のカラムで構成される．両外側は左右の梁の計算欄であり，内側2列は柱の計算欄である．内側左が当該階の柱であり，内側右が上階の柱である．N_1という節点での計算表では，DF (distribution factor) の4つの値の合計値ΣDFiが1.0でなければならない．

固定モーメント法の手順は，下記のとおりである．
(a) 各節点の分配率 $DF = k_i / \sum k_i$ を計算
(b) 固定端モーメント FEM（fixed end moment）を計算
(c) FEMの和から解除モーメントを計算
(d) 分割モーメント D1（distribution moment）を計算
(e) 他端への伝達モーメント C1（carry over moment）を計算
(f) 第2回の解除モーメント $-\sum C1$ を計算
(g) 第2回の分配モーメント D2 を計算
(h) 第2回の他端への伝達モーメント C2 を計算
(i) 値が収束するまで e 〜 g を繰り返す

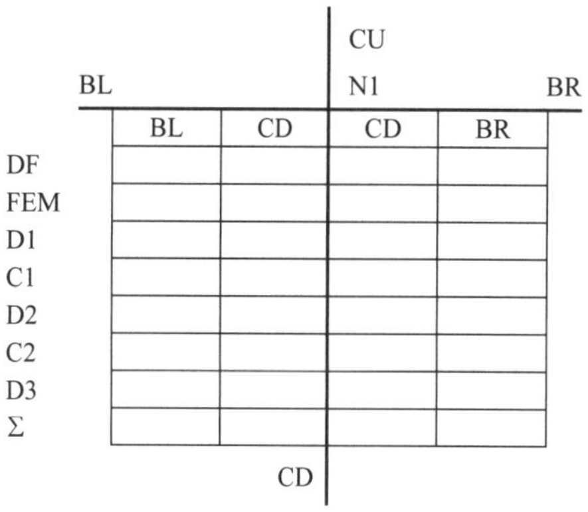

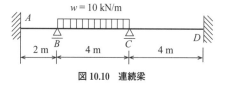

図10.9 固定法の計算

DF：分配率（distribution factor）
FEM：固定端モーメント（fixed end moment）
D1：分配モーメント（distribution moment）
C1：到達モーメント（carry over moment）
D2：2回目の分配モーメント
C2：2回目の到達モーメント

10.2.3 連続梁の計算

固定モーメント法を使って図10.10に示す連続梁のモーメント図およびせん断力図を求めてみよう．なお，梁の曲げ剛性 EI は一定とする．

梁の曲げ剛性 EI が一定なので，剛比は梁スパン長に反比例する．4 m の梁の剛比を1とすると，2 m の梁の剛比は2となる．したがって，$k_{AB}=2$, $k_{BC}=k_{CD}=1$ となる．固定モーメント法の解き方を前述した手順と図10.11を用いて説明する．本例では梁部材のみで構成されているので，計算図には柱のモーメント計算欄は省略している．この計算は，エクセルを用いて計算することができる．

(a) 各節点の分配率 $DF = k_i / \sum k_i$ を計算
　　図10.11のDF欄に分配率を記入する．A・D端は固定端なので，分配率はない．節点BはAB材とBC材の剛比を，節点CはBC材とCD材の剛比を考慮して分配率を計算する．
(b) 固定端モーメント FEM を計算
　　鉛直荷重による固定端モーメントを算出し，該当する梁の端部に値を記入する．固定端モーメントがない節点は0を記入する．
(c) FEMの和から解除モーメントを計算
　　各節点で固定端モーメントの和を計算し，解除モーメントを計算する．解除モーメントなので，合計にマイナス符号が付き，解除モーメント＝（$-\sum FEM_i$）となる．
(d) 分割モーメント D1 を計算
　　各節点ごとに部材への分配率×解除モーメント（下式）を計算

図10.10 連続梁

10.2 固定モーメント法

する．

分配モーメント＝DF×解除モーメント

(e) 他端への伝達モーメント C1 を計算

分配モーメントの1/2が伝達モーメントとして他端へ伝わる．つまり，下式のように計算すればよい．

伝達モーメント＝分配モーメント×$\frac{1}{2}$

(f) 第2回の解除モーメント（$-\sum C1$）を計算

伝達モーメントの値が収束していない場合，2回目の解除モーメントを考える．解除モーメント＝（$-\sum C1$）を計算する．この解除モーメントを記入する欄は容易されていないので，枠外にわかるように記入しておくとよい．

(g) 第2回の分配モーメント D2 を計算

各節点で，2回目の分配モーメント（下式）を計算する．

分配モーメント＝DF×（$-\Sigma C1$）

(h) 第2回の他端への伝達モーメント C2 を計算

e と同じ計算を行う．

(i) 値が収束するまで e～g を繰り返す

伝達モーメントが収束するまで e～g を繰り返す．

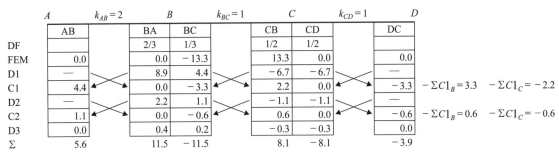

図10.11 固定モーメント法による連続梁の解き方

以上の計算結果から各節点のモーメントが算出できる．せん断力は，これまでに学修した方法と同じように計算すればよい．

$$Q_{AB} = -\frac{M_{AB}+M_{BA}}{\ell} = -\frac{5.6+11.5}{2} = -8.6 \ [\text{kN}]$$

$$Q_{CD} = -\frac{M_{CD}+M_{DC}}{\ell} = -\frac{-8.1-3.9}{4} = 3.0 \ [\text{kN}]$$

$$Q_{BC(x)} = Q_0 - \frac{M_{BC}+M_{CB}}{\ell} - 10x = \frac{10\times 4}{2} - \frac{-11.5+8.1}{4} - 10x$$

$$= 20.9 - 10x \ [\text{kN}]$$

図10.10の連続梁のモーメント図，せん断力図を図10.12に示す．

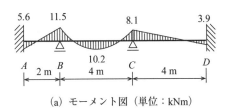

(a) モーメント図（単位：kNm）

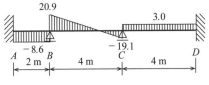

(b) せん断力図（単位：kN）

図10.12 応力図

10.2.4 鉛直荷重が作用するラーメンの解法

図10.13に示すラーメンの応力図（モーメント図およびせん断力図）を固定モーメント法により求めてみよう．

この2層3スパンラーメン架構は，架構の形状・寸法と荷重分布が中央の梁中心に対して線対称なので半分解けばよい．その場合の

中央梁の有効剛比は，両端の回転角が対称な場合に相当するので 1/2 となる．

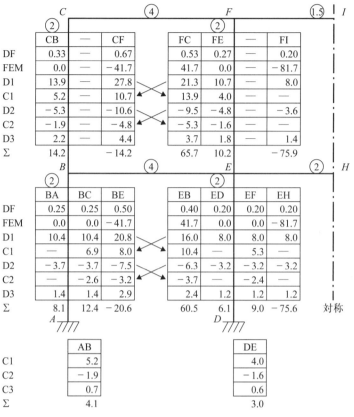

図 10.14 固定モーメント法による解法

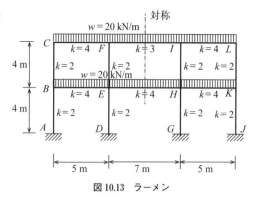

図 10.13 ラーメン

10.2 固定モーメント法

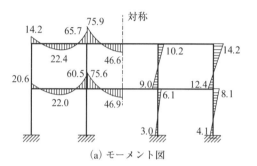

(a) モーメント図

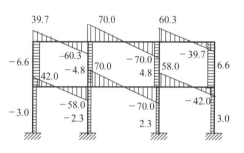

(b) せん断力図

図 10.15 ラーメン応力図

図 10.14 に固定モーメント法による図式解法を示す．架構の半分を解けばよいので，中央梁の剛比×1/2 とした剛比による計算を行っている．柱梁部材に沿って示した○数値は剛比の値である．手順は連続梁のときと同じであるが，柱があるので柱の分配率（DF），固定端モーメント（FEM），分配モーメント（D1）を考慮しなければならない．柱には中間荷重が作用していないので，固定端モーメント（FEM）は 0 となる．また，柱に関しては，上下柱による伝達モーメントを考慮しなければならない．

計算結果よるモーメント図およびせん断力図をそれぞれ図 10.15 (a)（b) に示す．モーメント分布は中央梁中心で対称になるが，せん断力分布のうち梁のせん断力分布は対称にならない．

10.2.5　水平力が作用するラーメンの解法（節点移動がある場合）

図 10.16 の 1 層 1 スパンラーメンに水平力が作用した場合を考える．水平力を受けると，節点 B と C が水平方向に移動するので柱には部材角が生じる．この部材角による固定端モーメントを仮定すれば，鉛直荷重で用いた図式解法を使って解くことができる．

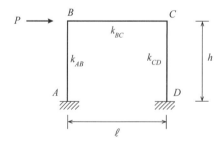

図 10.16 水平力を受けるラーメン

部材角による固定端モーメントの考え方を整理してみよう．節点の水平移動により，柱 AB は部材角が生じるが節点の回転を拘束した状態，図 10.17 のような変形・応力を考える．このときのたわみ角法の材端モーメントは，式 (10.4) と同じように書けるので式 (10.12) となる．

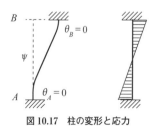

図 10.17 柱の変形と応力

$$M_{AB} = k_{AB}(2\phi_A + \phi_B + \psi) + C_{AB}$$
$$M_{BA} = k_{AB}(2\phi_B + \phi_A + \psi) + C_{BA} \quad (10.12)$$

図 10.17 のように両端固定の場合，$\theta_A = \theta_B = 0$ なので，$\phi_A = \phi_B = 0$，また $C_{AB} = C_{BA} = 0$ であるから，M_{AB} も M_{BA} も剛比と部材角だけの関係式となる．

$$M_{AB} = M_{AB} = k_{AB}\psi \quad (10.13)$$

同様に，柱 CD も式 (10.14) となる．

$$M_{CD} = M_{DC} = k_{CD}\psi \quad (10.14)$$

式 (10.13)，式 (10.14) に示すように，柱の固定端モーメント (FEM) は剛性に比例したモーメントを仮定すればよいことがわかる．仮定モーメントは，計算しやすいように仮定すればよいので，本書では単純に，「剛比×100」として計算する．

柱の固定端モーメントを与えて，図式解法で計算したモーメントから算出したせん断力と外力が釣り合うという条件から真の解を求めることができる．

【例題 10.2】図 10.18 に示すラーメンの応力図（モーメント図およびせん断力図）を固定モーメント法により求めてみよう．

〈解答〉柱 AB，CD の固定端モーメント（FEM）を剛比×100 として，固定モーメント法を適用し図 10.19 のように解く．柱 AB と柱 CD のせん断力の和は，外力と釣り合うので次式が成り立つ．

$$Q_{AB} + Q_{CD} = \left(-\frac{M_{AB} + M_{BA}}{h} - \frac{M_{DC} + M_{CD}}{h}\right) \times \alpha = P$$

$$\left(-\frac{171.7 + 143.4}{4} - \frac{136.2 + 122.3}{4}\right) \times \alpha = -143.4\alpha = 100$$

$$\therefore \alpha = -0.7$$

したがって，図 10.19 で得られたモーメントの α 倍が真の解となる．結果を図 10.20 に示す．

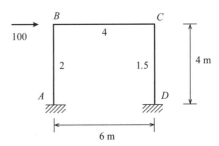

図 10.18 例題 10.2：ラーメン

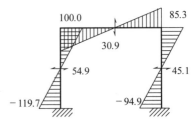

図 10.20 例題 10.2 の応力図

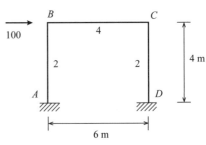

図 10.21 左右対称のラーメン図

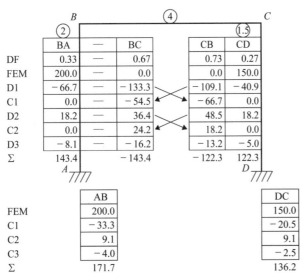

図 10.19 例題 10.2 の図式解法

次に，図10.21に示す架構の解法を考えてみよう．例題10.2で左右の柱の剛比が等しい場合には，梁の中央が反曲点となる（両端の回転角とモーメントが等しい状態）ので，梁の有効剛比を1.5倍すればラーメンの半分だけ解けばよい（有効剛比については9章，表9.2参照）．図10.22にその図式解法を示す．梁や柱からの到達モーメントがないので，計算が簡単である．

$$2Q_{AB}=2\times\left(-\frac{M_{AB}+M_{BA}}{h}\right)\times\alpha = P$$

$$2\times\left(-\frac{175.0+150.0}{4}\right)\times\alpha = -162.5\alpha = 100 \quad \therefore \alpha = -0.615$$

図10.23に応力図を示す．

10.2.6 柱脚ピンの場合

図10.24に示すような一方の柱の柱脚がピンの場合の解法を考える．このときのたわみ角法の材端モーメントは式（10.15）となる．

$$\begin{aligned}M_{AB} &= k_{AB}(2\phi_A+\phi_B+\psi)+C_{AB} \\ M_{BA} &= k_{AB}(2\phi_B+\phi_A+\psi)+C_{BA}\end{aligned} \quad (10.15)$$

図10.25のようにA端ピンの場合，$\theta_B=0$なので，$\phi_B=0$，また$C_{AB}=C_{BA}=0$であるから，式（10.16）となる．

$$M_{AB} = k_{AB}(2\phi_A+\psi)=0 \quad (10.16)$$

これより，$\phi_A=-0.5\psi$であるから，

$$M_{BA}=k_{AB}(\phi_A+\psi)=0.5k_{AB}\psi \quad (10.17)$$

となる．したがって，柱ABの固定端モーメントとしては，B端に「0.5×剛比×100」を仮定すればよいこととなる．図10.26に図式解法を示す．外力とのせん断力との釣り合いから

$$Q_{AB}+Q_{CD}=\left(-\frac{85.2}{4}-\frac{168.5+137.0}{4}\right)\times\alpha = P$$

$$\left(-\frac{85.2}{4}-\frac{168.5+137.0}{4}\right)\times\alpha = -97.675\alpha = 100 \quad \therefore \alpha = -1.02$$

図10.27に応力図を示す．

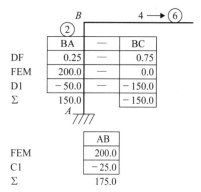

図10.22　左右対称のラーメンの解法

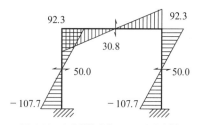

図10.23　左右対称のラーメンの応力図

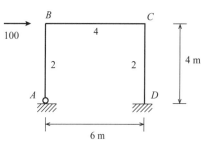

図10.24　柱脚ピンの場合

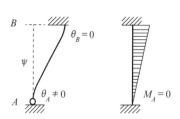

図10.25　柱の変形と応力

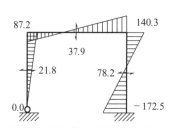

図10.27　柱脚ピンの場合の応力図

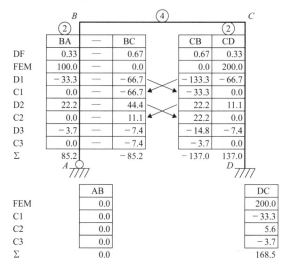

図10.26　柱脚ピンの場合の図式解法

第11章 座　屈

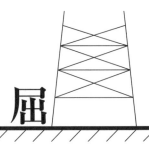

11.1 オイラーの座屈荷重

　細長い部材に圧縮力を作用すると，ある荷重から急激に横方向にはらみだし変形が急増する．この現象を**座屈**といい，不安定な釣り合い系に移行して生じる現象である．太くて短い部材では，大きな荷重をかけない限り座屈は生じないが，細く長い部材では小さな荷重で座屈現象が生じる．図11.1に示すような長さℓ，曲げ剛性EI（E：ヤング係数，I：断面2次モーメント）を有する両端ピンで支持された細長い部材に圧縮力Pを断面の図心に加える．このPを増加させていくとPe時に急に横方向にδたわむ．曲げ座屈解析を行ない荷重Peを算出した学者の名をとり，Peを**オイラーの座屈荷重**と呼ぶ．または**弾性座屈荷重**と呼ぶこともある．このPeは下記手順で算出する．x点でのモーメントはたわみがyであるので

$$M_x = P_x \cdot y \tag{11.1}$$

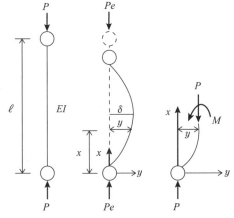

図11.1　オイラー座屈と釣り合い

M_x，y：x点での曲げモーメントおよび横方向たわみ

　微小たわみ理論における下端からx点の位置でのたわみを弾性曲線式（P62参照）で表すと式（11.2）で表される．

$$M_x = -\frac{d^2y}{dx^2}EI \tag{11.2}$$

　式（11.2）に式（11.1）を代入するとその微分方程式と一般解は以下のようになる．

$$-EI\frac{d^2y}{dx^2} - Py = 0, \frac{d^2y}{dx^2} + k^2y = 0, k = \sqrt{\frac{P}{EI}} \tag{11.3}$$

$$y = A\sin kx + B\cos kx \tag{11.4}$$

境界条件として$x=0$，$x=\ell$で$y=0$を代入すると次式が得られる．

$$A = 0$$
$$A\sin k\ell + B\cos k\ell = 0 \tag{11.5}$$

　この式（11.5）を満足するのは，$A=0$，$B=0$となるが，この状態は圧縮力を受ける細柱が座屈していないまっすぐな状態を表す．もう一つの解が$\sin k\ell = 0$の時であり，この条件は$k\ell = n\pi$（$n=1$からの自然数）この解の中で最小値が工学的には重要となるため$n=1$の時が座屈する荷重となり，この荷重を**オイラーの座屈荷重Pe**という．

$$Pe = \frac{\pi^2 EI}{\ell^2} \tag{11.6}$$

11.2 材端条件と座屈荷重

式(11.6)の ℓ は両端の固定度の支持条件で変化する．一般的に座屈長さを ℓ_k とすると，

$$Pe = \frac{\pi^2 EI}{\ell_k^2} \qquad (11.7)$$

で表される．

式(11.7)で示した座屈長さ ℓ_k は部材両端の支持条件で変化する．両端ピンの場合を 1 とすると，両端固定の場合は 4 となる． ℓ_k の一覧を図11.2に示す．つまり両端ピン支持の長さ ℓ の部材の座屈長さが単純支持の細長い部材のオイラー座屈長さ ℓ_k に一致することを意味する．

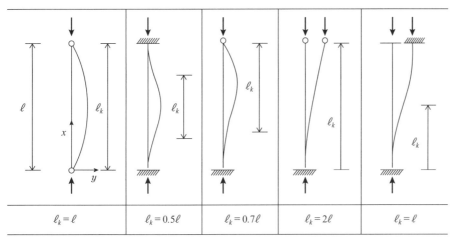

図 11.2　座屈長さ ℓ_k

11.3 座屈応力度と細長比

座屈荷重を部材断面積 A で除すると座屈応力度となる．

$$\sigma e = \frac{Pe}{A} = \frac{\pi^2 E}{\ell_k^2} \cdot \frac{I}{A} = \frac{\pi^2 E}{\ell_k^2} i^2 = \frac{\pi^2 E}{\left(\frac{\ell_k}{i}\right)^2} = \frac{\pi^2 E}{\lambda^2} \qquad (11.8)$$

ここで， $i = \sqrt{\dfrac{I}{A}}$ ， $\lambda = \dfrac{\ell_k}{i}$

i：断面2次半径， λ：細長比

式(11.8)では，1つのパラメータ λ で座屈応力度が表現できることとなる． λ が大きいほど，部材は細くなり座屈しやすくなる．

11.4 非弾性座屈とその他の座屈

式(11.8)においては，ヤング係数 E は弾性時の値であるため座屈応力度も弾性範囲でのみ成り立つ．弾性限の応力度を σ_0 とすると

$$\text{限界細長比} \quad \lambda_0 = \pi \sqrt{\frac{E}{\sigma_0}} \qquad (11.9)$$

が得られる．この限界細長比 λ_0 より細長比が小さい時でも，実験を行うと座屈が観察される．図11.3の縦軸に σ，横軸に λ を取り示す．限界細長比 λ_0 より大きいと式（11.8）が成り立ちこの曲線を**オイラー曲線**と呼ぶ．σ_0 の比例限より大きな圧縮応力度で座屈が生じる場合のことを，**非弾性座屈**という．これは理論上の座屈とは異なり，また材料によりこの傾向は異なるため，各材料の構造設計に関する教科書類を参照すること．

その他にも，特に鉄骨構造の H 形断面梁ではねじれ圧縮座屈，横座屈等が生じる．これらも鉄骨の構造設計教科書・資料を参照すること．

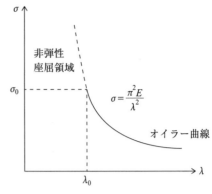

図11.3　オイラー曲線

索　　引

ア　行

圧縮応力度　36
圧縮断面力　36
安全率　3
安定　14

移動荷重　16

オイラー曲線　104
オイラーの座屈荷重　102
応力　14, 34
応力度　34
大きさ　5

カ　行

外力　1, 14, 34
外力仕事量　56
荷重　1
カスティリアノの定理　76
風荷重　1
仮想外力仕事　74
仮想荷重　62
仮想仕事の原理　74
仮想内力仕事　74
片持ち柱　12
片持ち梁　12
間接荷重　32

逆対称　88
逆対称変形　92
逆対称曲げモーメント分布　22
曲率　37, 53, 59
曲率半径　54, 59
許容垂直応力度　43
許容せん断応力度　43
許容値　3
許容変形・許容応力度設計法　3

偶力モーメント　36
クレモナ図　24

合成骨組　30
剛接合　1, 11
構造計画　1
構造設計　1
構造力学　1
剛度　81
剛比　81
降伏強度　3
合力　6
固定荷重　1
固定支持　2
固定モーメント法　96

サ　行

最小主応力度　46
最大主応力度　46
最大せん断応力度　42
材端たわみ角　80, 90
座屈　102
作用点　5
3ピンラーメン　27

軸方向応力度　36
軸方向剛性　51
軸方向力　36
軸力　14
仕事　70
地震荷重　1
支点　10
支点反力　11
終局強度設計法　4
主応力線　50
主応力面　46
常時荷重　1
示力図　8, 9

垂直応力度　34, 36, 51
垂直ひずみ度　35

静定　15
静定構造物　15
積載荷重　1
切断法　24
節点　10
節点回転角　80, 90
節点法　23
節点方程式　83
線材置換　7, 10
せん断応力度　34, 40
せん断弾性係数　35, 55
せん断に対する形状係数
　エネルギー法による——　42, 56
　応力度法による——　42, 57
せん断ひずみ度　35, 55
せん断変形　56
せん断力　14, 40

層間変形角　3
層せん断力　91
層方程式　91
層モーメント　91

タ　行

たわみ　58
たわみ角　58
たわみ角法　80, 90
たわみ曲線　58, 59

単位外力法　74
短期荷重　1
単純梁　12
弾性　51
弾性荷重　62
弾性曲線　59
弾性曲線式　60
弾性座屈荷重　102
弾性設計法　3
断面1次モーメント　38
断面係数　37
断面積　52
断面力　36

力　7
力に対する安全性の問題　1
力の3要素　5
力の合成　5
力の釣り合い　7
力の分解　5
中立軸　37
長期荷重　1
直列バネ剛性　52

釣り合っている　7

等価な1つの力におきかえる　6
到達モーメント　84
動的外乱　1
等分布荷重　16
等変分布荷重　16
トラス　22

ナ　行

内力　14
内力仕事量　56

ハ　行

バネ剛性　51
反曲点　92
反曲点高比　93
反曲点高さ　92
反力　1

ひずみエネルギー　71
ひずみ度　51
非弾性座屈　104
引張応力度　36
引張断面力　36
標準剛度　81
ピン支持　2
ピン接合　1, 10

不安定　14

部材　10
部材角　90
不静定　15
不静定構造物　15
不静定梁　68
フックの法則　35, 51
分解　5
分配率　84

平均せん断応力度　42
平面保持　37
並列バネ剛性　52

方向　5

保有水平耐力設計法　4

マ　行

曲げ応力度　36
曲げ剛性　59
曲げモーメント　36
曲げモーメントマーク　36

モーメント　7
モールの応力円　46

ヤ　行

ヤング係数　37, 51

有効剛比　87, 88
雪荷重　1

ラ　行

ラーメン　26

連力図　8

ローラー支持　2

著者略歴

津田和明
1959 年　兵庫県に生まれる
1982 年　横浜国立大学工学部建築学科卒業
現　在　近畿大学産業理工学部建築デザイン学科教授
　　　　博士（工学）

丸田　誠
1958 年　山梨県に生まれる
1984 年　千葉大学大学院工学研究科建築学専攻修了
現　在　静岡理工科大学理工学部建築学科教授
　　　　島根大学名誉教授
　　　　博士（工学）

都祭弘幸
1959 年　東京都に生まれる
1984 年　東京都立大学大学院工学研究科修士課程修了
現　在　福山大学工学部建築学科教授
　　　　博士（工学）

杉本訓祥
1972 年　静岡県に生まれる
1997 年　東京大学大学院工学系研究科修士課程修了
現　在　横浜国立大学大学院都市イノベーション研究院准教授
　　　　博士（工学）

基本からマスターできる
建築構造力学　　　　　　　　　　　　　　　定価はカバーに表示

| 2018年　2 月 20 日 | 初版第 1 刷 |
| 2022年　8 月 20 日 | 第 4 刷 |

著　者　津　田　和　明
　　　　丸　田　　　誠
　　　　都　祭　弘　幸
　　　　杉　本　訓　祥
発行者　朝　倉　誠　造
発行所　株式会社　朝　倉　書　店
　　　　東京都新宿区新小川町 6-29
　　　　郵 便 番 号　162-8707
　　　　電　話 03（3260）0141
　　　　F A X 03（3260）0180
　　　　https://www.asakura.co.jp

〈検印省略〉

© 2018 〈無断複写・転載を禁ず〉　　　　　　　Printed in Korea

ISBN 978-4-254-26647-4　　C 3052

JCOPY ＜出版者著作権管理機構 委託出版物＞

本書の無断複写は著作権法上での例外を除き禁じられています．複写される場合は，
そのつど事前に，出版者著作権管理機構（電話 03-5244-5088, FAX 03-5244-5089,
e-mail: info@jcopy.or.jp）の許諾を得てください．

◆ シリーズ〈建築工学〉 ◆

基礎から応用まで平易に解説した教科書シリーズ

服部岑生・佐藤 平・荒木兵一郎・水野一郎・
戸部栄一・市原 出・日色真帆・笠嶋 泰著
シリーズ〈建築工学〉1

建 築 デ ザ イ ン 計 画

26871-3 C3352　　　　B 5 判 216頁 本体4200円

建築計画を設計のための素養としてでなく，設計の動機付けとなるように配慮。〔内容〕建築計画の状況／建築計画を始めるために／デザイン計画について考える／デザイン計画を進めるために／身近な建築／現代の建築設計／建築計画の研究／他

西川孝夫・北山和宏・藤田香織・隈澤文俊・
荒川利治・山村一繁・小寺正孝著
シリーズ〈建築工学〉2

建 築 構 造 の 力 学

26872-0 C3352　　　　B 5 判 144頁 本体3200円

初めて構造力学を学ぶ学生のために，コンピュータの使用にも配慮し，やさしく，わかりやすく解説した教科書。〔内容〕力とつり合い／基本的な構造部材の応力／応力度とひずみ度／骨組の応力と変形／コンピュータによる構造解析／他

前首都大 西川孝夫・明大 荒川利治・工学院大 久田嘉章・
早大 曽田五月也・戸田建設 藤堂正喜著
シリーズ〈建築工学〉3

建 築 の 振 動

26873-7 C3352　　　　B 5 判 120頁 本体3200円

建築構造物の揺れの解析について，具体的に，わかりやすく解説。〔内容〕振動解析の基礎／単純な1自由度系構造物の解析／複雑な構造物(多自由度系)の振動／地震応答解析／耐震設計の基礎／付録：シミュレーション・プログラムと解説

西川孝夫・荒川利治・久田嘉章・
曽田五月也・藤堂正喜・山村一繁著
シリーズ〈建築工学〉4

建 築 の 振 動 ―応用編―

26874-4 C3352　　　　B 5 判 164頁 本体3500円

耐震設計に必須の振動理論を，構造分野を学んだ方を対象に，原理がわかるように丁寧に解説。〔内容〕振動測定とその解析／運動方程式の数値計算法／動的耐震計算／地盤と建物の相互作用／環境振動／地震と地震動／巻末にプログラムを掲載

宇田川光弘・近藤靖史・秋元孝之・長井達夫著
シリーズ〈建築工学〉5

建 築 環 境 工 学
―熱環境と空気環境―

26875-1 C3352　　　　B 5 判 180頁 本体3500円

建築の熱・空気環境をやさしく解説。[内容]気象・気候／日照と日射／温熱・空気環境／計測／伝熱／熱伝導シミュレーション／室温と熱負荷／湿り空気／結露／湿度調整と蒸発冷却／換気・通風／機械換気計画／室内空気の変動と分布／他

萩島 哲編著 太記祐一・黒瀬重幸・大貝 彰・
日髙圭一郎・鵤 心治・三島伸雄・佐藤誠治他著
シリーズ〈建築工学〉7

都 市 計 画

26877-5 C3352　　　　B 5 判 152頁 本体3200円

わかりやすく解説した教科書。〔内容〕近代・現代の都市計画・都市デザイン／都市のフィジカルプラン・都市計画マスタープラン／まちづくり／都市の交通と環境／文化と景観／都市の環境計画と緑地・オープンスペース計画／歩行者空間／他

九大 前田潤滋・九大 山口謙太郎・九大 中原浩之著

建 築 の 構 造 力 学

26636-8 C3052　　　　B 5 判 208頁 本体3800円

わかりやすく解説した教科書。〔内容〕建築の構造と安全性／力の定義と釣り合い／構造解析のモデル／応力とひずみ／断面力と断面の性質／平面骨組の断面力／部材の変形／ひずみエネルギーの諸原理／マトリックス構造解析の基礎／他

東工大 林 静雄編
シリーズ〈都市地震工学〉4

都 市 構 造 物 の 耐 震 性

26524-8 C3351　　　　B 5 判 104頁 本体3200円

都市を構成する構造物の耐震性を部材別に豊富な事例で詳説〔内容〕鋼構造物(地震被害例／耐震性能他)／鉄骨造建築(地震被害例／耐震性能)／鉄筋コンクリート造建築(歴史／特徴／耐震設計概念他)／木質構造物(接合部の力学的挙動他)

東工大 二羽淳一郎編
シリーズ〈都市地震工学〉5

都市構造物の耐震補強技術

26525-5 C3351　　　　B 5 判 128頁 本体3200円

建築・土木構造物の耐震補強技術を部材別に豊富な事例で詳説〔内容〕地盤構造(グラウンドアンカー工法／補強土工法／基礎補強他)／RC土木構造(構造部材の補強／部材増設での補強他)／RC建築構造(歴史／特徴／建築被害と基準法他)

前北大 林川俊郎著

改訂新版 橋 梁 工 学

26168-4 C3051　　　　A 5 判 296頁 本体4400円

道路橋示方書の改訂や耐震基準に対応した，定番テキストの改訂版。演習問題も充実。〔内容〕総論／荷重／鋼材と許容応力度／連結／床版と床組／プレートガーダー／合成げた橋／支承と付属施設／合成げた橋の設計計算例／演習問題解答／他

東大 西村幸夫・工学院大 野澤 康編

ま ち を 読 み 解 く
―景観・歴史・地域づくり―

26646-7 C3052　　　　B 5 判 160頁 本体3200円

国内29カ所の特色ある地域を選び，その歴史，地形，生活などから，いかにしてそのまちを読み解くかを具体的に解説。地域づくりの調査実践における必携の書。〔内容〕大野村／釜石／大宮氷川参道／神楽坂／京浜臨海部／鞆の浦／佐賀市／他

上記価格（税別）は 2022年 7月現在